サバイバルに役立つ
パラコード完全読本

PRACTICAL AND ESSENTIAL USES FOR THE ULTIMATE TOOL IN YOUR PACK

JN113673

著/ブライアン・リンチ
監修/長谷部 雅一
翻訳/大久保 ゆう

サバイバルに役立つ
パラコード完全読本

PRACTICAL AND ESSENTIAL USES FOR THE ULTIMATE TOOL IN YOUR PACK

著／ブライアン・リンチ
監修／長谷部 雅一
翻訳／大久保 ゆう

Original English Language edition Copyright © 2021 by Bryan Lynch and Fox Chapel
Publishing Company, Inc., 903 Square Street, Mount Joy, PA 17552
Fox Chapel Publishing Inc. All rights reserved.
Translation into Japanese Copyright © 2024 by Graphic-Sha Publishing Co., Ltd.
All rights reserved. Published under license.

Japanese translation rights arranged with Fox Chapel Publishing Company, Inc.
through Tuttle-Mori Agency, Inc., Tokyo

This Japanese edition was produced and published in Japan in 2024 by Graphic-Sha
Publishing Co., Ltd.
1-14-17 Kudankita, Chiyoda-ku, Tokyo 102-0073 Japan

Illustrations by the author.
Photographs other than those listed on page 248 taken
by the author.
Some of the paracord and hardware used in this book
were provided by Pepperell Braiding Company.

わが最高の妻ニッキーに

CONTENTS 目次

まえがき

狩りや釣り、キャンプとともに育ってきたわたしも、パラコードという素晴らしいもの、そしてアウトドアでのその多種多様な活用法について学びだしたのは、ほんの15年ほど前のことだった。パラコードはその用途もきわめて幅広く、扱いやすい上に値段もお手頃だ。しかも、ほしい色やデザインがたいてい見つかる。わたしもこのパラコードでいろいろ作っていて、たとえばブレスレット、ストラップ、犬用のリード・首輪、モンキー結び、水筒ホルダー、負いひも、ベルト──例を挙げればキリがない。一時期など、パラコードでの物作りにハマりすぎて、地下室には総計6,000メートルを超えるパラコード制作物であふれたものだった。そこでようやく、自分用の工作はこれくらいにしておこう、と思ったわけだ。

さて本書では、パラコードの活用法を2つの面から解説している。まず「準備編」で手順を教えるのは、あらかじめ自宅で作っておいて、野外に持ち出して活動時にさっと使える、そんな機能性の高いアイテムの作成法である。そして続く「実践編」で、野外活動中におけるパラコードの具体的な使い方（シェルター・便利道具など）を手ほどきする。

ベンジャミン・フランクリンいわく、「準備を怠るとは、失敗する準備をしていること」とのことだが、野外活動においては、何が起こったのかもわからないうちに緊急事態が自分に襲いかかってくることさえある。そうなると自然は自分の想定通りにはならない。もちろんパラコードなしでも生き延びられるが、パラコードがあるに越したことはない。

本書の手順やコツ、さらには筆者自身の実体験を通じて、パラコードそのものと、窮地においてその可能性を最大限に引き出す方法を、よりよく知ってほしい、その一念で執筆したものである。

パラコードは便利で――実は――おしゃれ！

はじめに

オランダにパラシュート降下する連合軍空挺部隊、1944年

パラコード小史

パラコードの有する高い利便性の背景をしっかりと理解するには、このすばらしいコード製品の裏にある歴史をいささかなりとも知る必要がある。1935年、デュポン社所属のアメリカ人化学者ウォーレス・カロザース（1896-1937）が生み出したのは、のちにナイロンと呼ばれる新しい合成素材だった。当時のパラシュートは主に絹製だったが、養蚕でしか作れない絹は生産に時間がかかるため、供給不足に陥っていた。一方で、生産も迅速なナイロンは強度もほかより高かったため、絹に代わってパラシュートに用いられるようになる。またナイロンの別用途として、パラシュート用のサスペンションラインがあり、つまりこれがパラシュートのコード、「パラコード」と言われるものである。第二次世界大戦時の空挺兵は地上に降り立つと、パラシュート部分とコードを切り離した上で、ストラップを作ったり装備を縛ったりするのに使っていた。

パーフェクト・パラコード！

パラコードが探検にうってつけな素材だということはご存じ？

・カビに強い

・水に濡れても縮むのはほんのわずか

・紫外線にさえ当てなければ経年劣化が少ない

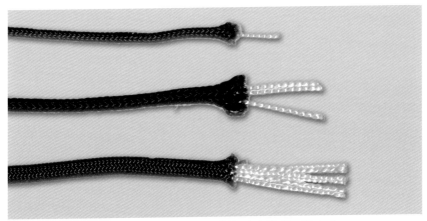

上から順に、芯1本の95パラコード、芯3本の325パラコード、芯7本のタイプIII/550パラコード。

パラコードはかつて（ある程度は今も）もっぱら軍用品だったが、現在では民用としてさまざまに普及している。特に人気が高いのは、アウトドア用、応急処置用、ハンドクラフト用である。パラコード製のブレスレットなどをアクセサリーとして、日々のファッションで身につけている人も見かけたことがあるはずだ。

パラコードにも種類がいろいろあり、いちばんよく用いられているのがタイプIII/550コードとも呼ばれているものだ。これは1本で550ポンド（250kg）の静止重量を支えられることからついた名前である。（ただし、この550コードを手に最寄りの山に向かったりしないように！パラコードは登攀用ロープの代わりにならない）

また、商用量産品のパラコードと本物のパラコードが見分けられるかどうかも大事なポイントだ——とりわけそのコードが命綱ならね（って

もちろん冗談だよ）。本書でその区別方法も確認しておこう。

本書にもブレスレット作成法が3つ収録されてある——準備ができたら68ページを見てみよう。

パラコードの中身

本物のパラコードを正しく見分けるにあたって、まず中身を分解してみよう。さて、外側には全体を包む「編み地」があって、中身には芯になっている撚り糸があり、こちらは「もと子」とも言う（本書ではパラコードのことを話す際、「もと子」ではわかりづらいから、代わりに「撚り糸」または「芯」という言葉を使うので、あしからず）。いちばんよく用いられるタイプIII／550パラコードには、7〜9本の芯が入っている。この芯は、ナイロン製の極細の糸が撚り合わさって出来ている。この複数の芯があるからこそ、必要に応じてそれぞれがぐっと細く伸びるようになっている。

この構造のおかげで、パラコードにはそのサイズと重量に比べて驚異的な強度が生まれてくるのだ。また手間はかかるけれども、編み地を切って中からこの芯を引き出し、その端を順につないでいけば、最初に持っていた長さ以上に長いコードをこしらえることもできる。

手持ちで作れるコードの総全長を見積もる場合は、まず芯の本数に1を足して（この1は外皮の編み地の分）、その数に元のパラコードの長さを掛け算すればいい。たとえば、タイプIIIのパラコードはふつう芯7本が外皮の編み地に包まれているので、この2つの数字を足して8。そして元の長さが30cmなら、分解したあとのパラコードは約2.4mになるわけだ。分解前のパラコードが長くなるほど、この数字も格段に大きくなる。3mあれば、およそ24mのコードが使える計算だ！　もちろん端を順々につないでいくわけなので、その結び目の分だけ全長が若干

短くなることは、あらかじめ頭に入れておこう。

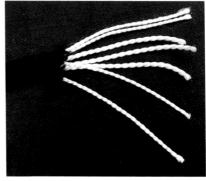

タイプIII／550パラコードは、芯となる撚り糸が中に7本

約30cmのタイプⅢパラコードを切り開いて、外皮の編み地の下に芯を並べてみたところ。この端を順々に全部結んでいくと、2.4m近いコードになる。注：ただし結び目の分だけ全長は短くなる。

本物のパラコード

パラコードの品質はどれも均一というわけではない。本書読者が必要なパラコードの種類は、いわゆる「ミルスペック」、軍でも採用されている高品質のものだ。規格上、芯と外皮の編み地が100％ナイロン製でないといけない。

商用量産品のパラコードには、編み地がナイロンでも芯がポリエステル製になっているものがある。たいていの人は、ぱっと見でポリエステルとナイロンの区別なんかつかない。そこで教えたいのが、目の前にあるものの正体を見極められる簡易診断の方法だ（ただし購入前に店頭で行うのは厳禁！）。

必要なのはカッターとライターのみ。ナイロン同士なら、熱で溶かしてから押し合わせると、接着剤みたくくっつくのである。ところがナイロンとポリエステルの組み合わせだと、溶かして押し合わせてもくっつかない。パラコードの素

材が定かでないときには、この簡易テストを試してみるといいだろう。規格に満たない素材を用いて、わざわざ自分の命を危険にさらす必要はない。

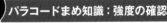
パラコードまめ知識：強度の確認

パラコードを再利用する際には、まず破損がないか確認するといい。手でパラコードを引っぱって、ナイロン製の編み地に傷やほつれがないかチェックすること。傷んだ箇所が見つかったら、その部分を切り取るか、あくまで軽作業用に利用を限定しよう。また、中の撚糸が切れていないか、パラコードを曲げることで確認すること。

PREPPING 準備編

1 野外活動の基本

野外活動から無事に帰ってくること（いわゆるサバイバル）を意識するにあたっては、まず自身の置かれた状況は自分ではコントロールできないことが多いと自覚すべきだ——とりわけ、自分・他人の過去の行動は、あとからではどうにもならない。たとえば、あのとき左ではなく右に入ってしまったこと、外気温が高かったこと、雷雨が近づいていることなどは、あくまで現実であって変えようがない。こうした要因は自分たちの手には負えないのだ。自分で100％コントロールできるのは、自分自身と、状況改善のための自己努力だけである。だからこそ最初にするべきは、気持ちを落ち着かせて自分の心を制御することだ。疑念や恐怖、焦りに怒りと悲しみ——こういった感情のせいで判断力は鈍って、正しい選択が必要以上に難しくなってしまう。不要な心の迷いは排除してしまおう。

それに、どれだけ心と体の強い人間であっても、野外活動時に生死のかかった状況になったなら、まずパニックに陥るのが自然な反応なのだと心に留めておこう。混乱状態を乗り越える鍵は、その気持ちに逆らわないことだ。ねじ伏せようとしてはいけない。代わりに、その心の嵐が通り過ぎるのを待ってみよう。

生死のかかった状況でパニックに陥るのは自然な反応だけれども、その混乱状態をやり過ごす方法を学ぶことはできる

現状把握

心が落ち着いたら、現状を把握しよう。個人的には、いつも3つの空間(ゾーン)に分けて周辺の認識をしている。

ゾーン1

ゾーン1は自分のことだ。生き延びるために使えるものとして、自分が今何をいくつ持っているのか、その所持品もすべて顧慮に入れる必要がある。ポケットも全部裏返して、持ち物を総点検しよう。どれだけ役に立たなそうでも、アイテムを捨てたりしないように。忘れるな、持てるものすべてを使って自分は生き延びなければならないのだ。

ゾーン2

ゾーン2は、自分の視界に入る近辺の領域だ。歩いて行ける距離に、うまく使えそうな資源(リソース)があるだろうか?

ゾーン3

ゾーン3は、ゾーン2の外にある領域である。想定していた期間よりも長く野営(キャンプ)する羽目になって資源が底を突く事態になったりしない限りは、このゾーンは関わってこない。そうなった場合には、使える資源がないか、このエリアへ探しに行くこととなる。

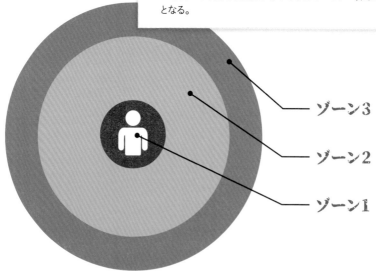

ゾーン3

ゾーン2

ゾーン1

空気／酸素 —— 3分

 シェルター —— 3時間

 飲み水 —— 3日

 食料 —— 3週間

生き延びるための「3の法則」

生き延びるための「3の法則」を知っておけば、まず何に取り組めばいいのか、その優先順位がわかりやすくなる。この「3の法則」は絶対ではないが、生存を考えるにあたっての近道にはなってくれる。

1. 人は空気／酸素がないと3分しか生きられない
2. 人はシェルター(体温異常を防ぐ遮蔽物)がないと3時間しか生きられない
3. 人は飲み水がないと3日しか生きられない
4. 人は食料がないと3週間しか生きられない

生き延びるためのピラミッド

サバイバルに必要な「3の法則」に加えて、もうひとつ意識しておきたい考え方がある。それが「サバイバル・ピラミッド」として知られている三角形で、ここには3つの段階がある。

> 1. いちばん大きな土台になるのが、「生きる」という意志と気持ちである。
> 2. 真ん中に挟まるのが、自分の知識や能力だ。
> 3. 三角の最上部にあるいちばん小さな部分が、装備と食料になる。

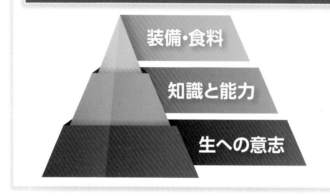

積み上げる順番が逆だと思う人もいるだろう。つい自分の装備や食料を優先したくなるものだ。しかし窮地において最重要なのは、生き延びたいという意志——行かなければならない場所にたどり着くために、自分の足を一歩ずつ前に進ませ続ける力なのだ。いくら必要な物資が使い放題であったとしても、生き残りたいという気持ちがなければ、世界最高の装備も大して役立たないままで終わるだろう。

装備や食料はなくなるものだし、最初の時点で使いものにならなくなっている場合もある。ところが知識と能力はなくならないし、奪われもしない。ピラミッドの下の2段がなければ、装備も無用の長物になりかねないので、装備と食料は最後の段なのだ。

生き延びるための心構えを養う

森のなか、自力で食べ物を見つけて調理する羽目になったら、どうする？

「どうすれば、何事にも備えられるでしょうか?」と、ある人がわたしに訊ねたことがある。その答えは「無理」。とはいえ、応急処置やナビ、食料と水の確保、適切な服装にキャンプの設営方法など、基本さえ押さえておけば、どんな緊急事態にもだいたい役に立つ。

いわゆるサバイバルのコツを身につけるだけでなく、「もしもの際にはどうするか」を想像して予行演習しておくと、対応できることが広がってくる。たとえば、レストランにいるときに火災が発生したとする。まず何をするか？出口の位置は把握しているか？ 建物から緊急脱出する瀬戸際で、窓を割ったりドアをこじ開けたりするのに、何が使えるか？ 別の例として、ゴムボートで川をラフティング中の状況を想像してみよう。そこで急流にぶつかり、ボートが転覆、装備もなく取り残された自分。身につけているもので使えるものは何

か？ どこへ行けば身の安全が確保できるか、その知識はあるか？ 「もしもの際にはどうするか」という心構えに普段から慣らしておくと、予期せぬ事態に備えられるというわけだ。

ゴムボードが転覆！ さて、どうする？

応急セットの備えは常に

　野外で何をするか、人里との距離が近いか否かにかかわらず、「万が一」に備えて緊急事態用の用具一式は、常に用意しておくべきだ。重要なのは、自分に何かあってもどうせすぐ何とかなると過信しないことである。昨今の交通機関や通信システムが便利すぎるからか、あって当然だと現代人が思い込んでいることはあまりに多い。いつでもどこでも救助が来るという頭でいるのだ。「ちょっと15分、奥に入っただけだから」とか、「ほんの15kmの距離だから」とか、軽く言う。ところが、自宅からほんの数kmのところで、吹雪に襲われて一晩、車中に閉じ込められた人だっているわけだ。自分を救うのはいつもまず自分であって、他人は二の次にしか当てにならないものである。

ここに、コンパクトで持ち運びも簡単なアイテム一覧を掲げておく。これができる限り常備しておくべき最低限のものだと思う。

・ パラコード
・ 当該地域の地図
・ 方位磁針
・ ナイフ
・ 十徳ナイフ（マルチツール）
・ 水筒（個人的には金属製のもの）
・ 着火器具（ライター、マッチ、ファイヤースターター、火口、焚き付け材
　──などお好みで）
・ 予備の衣類一式（季節・気候に合わせて）
・ 登山用ホイッスル
・ タープ、布などの防水シート
・ 救急セット

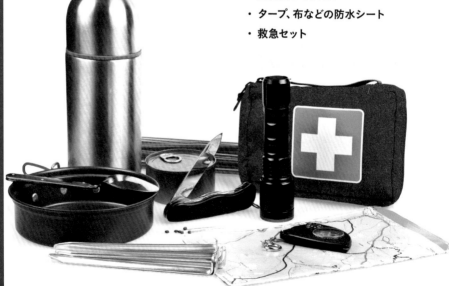

2 必須テクニックと必需品

い わゆる結びは、ノットやベンド、ヒッチにラッシングなどその種類もきわめて多様
　　で、全部覚えようとすると大変だ。とはいえ、野外活動でとりわけ役立つ結びに
限れば、数はそこまで多くない。頑張って暗記するだけの値打ちがある結び方だ。

　結びを覚え始めた最初の頃は、うまくいかなくて気持が落ち着かないこともあるだろ
うが、怠らず練習を続ければ、自然とできるようになる。たとえばTVを見ながら座ってい
るときにも、小ぶりのパラコードを手にして結び方の特訓をしてみてはどうだろう。最終的
には身体がその結び方を覚えて、たちまち何も見なくとも結べるようになるはずだ。

パラコードには色やデザインが各種あり、
束売りされている

25

結び方を覚える

止め結び
（オーバーハンド・ノット）28ページ

二重止め結び
（オーバーハンド・ループ）28ページ

よろい結び
（マンハーネス・ヒッチ）29ページ

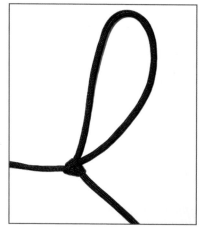

テグス結び
（フィッシャーマンズ・ノット）31ページ

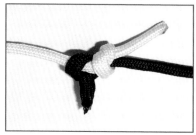

もやい結び（ボウライン）34ページ

プルージック結び
（プルージック・ノット）32ページ

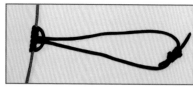

わなもやい結び
（ランニング・ボウライン）35ページ

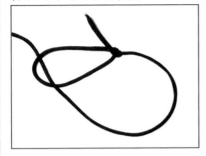

三重もやい結び
（トリプル・ボウライン）35ページ

ホンダ結び（ホンダ・ノット）37ページ

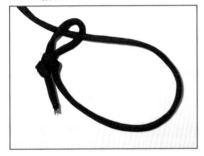

本結び／真結び
（リーフ・ノット）38ページ

様々な結びつけ（ヒッチ）39ページ

様々な縛り（ラッシング）43ページ

止め結び
（オーバーハンド・ノット）

　止め結びはシンプルな結び。ふだんから靴ひもを扱うときにも使っているはずだ。

1. 輪をつくって端をその中に通す（見た目はプレッツェル）

2. パラコードの端を引っぱって、ぎゅっと結び目を作る

パラコードまめ知識：用語

結びつけ（ヒッチ）：コードをモノに結びつけること
接続（ベンド）：コードの端同士をつなげること
縛り（ラッシング）：モノとモノをコードで縛りつけること

二重止め結び
（オーバーハンド・ループ）

　二重止め結びは、モノをひっかけられる輪（ループ）をさっと作れる結び。パラコードを折り曲げて二重の部分を作れば、簡単にこの二重止め結びができる。

1. パラコードの端を曲げてU字を作る

2. このU字部分の底を押さえて、さらに2つ折にし、真ん中にできた輪に通して止め結びにする

3. 先端の輪を引っぱって結び目を作る

よろい結び
（マンハーネス・ヒッチ）

　この結びを使えば、パラコードのどこにでも、ずれない輪がいくつでも作れる。

1. パラコードを1回ひねり、上から交差させて輪を作る

2. 左上のコードをつかんで下に持ってきて、輪の上に重ねる

3. 輪の下半分をひねって、もうひとつ小さな輪を作る

4. 今できた小さな輪を持ち上げて、ひっくり返しながら上の輪の中にくぐらせる

次ページに続く

5. そのままその上の輪をすぼめつつ、残った
下の輪2つもゆっくりと引き締める

※ここが大事なポイントなので、必ずゆっくり慎重
に行うこと（失敗すると輪がずれるようになってし
まう）
※※このポイントで手こずっても、どうか落ち着
いて、たくさん練習してほしい（筆者もいまだにぐ
ちゃぐちゃになってやり直すことがある）

6. ここまでの手順に失敗がなければ、こんな
ふうに位置を固定した輪が作れる

パラコードまめ知識：
結び目ほどきを作ろう

絶対にほどけないと思えるくらいきつい結
び目があったりする。固い結び目もほどける
便利な道具はいろいろあるが、気づけばそ
んな道具もなさそうな僻地のただなかにい
た場合でも、小さな木片さえあれば簡単に
作成できる。鋭利な道具で木切れを削って
尖らせよう。その尖端を結び目のあいだに
押し込めば、結び目をゆるめられるというわ
けだ。そうすれば時間もかからないし、イラ
イラせずにすむ上に、貴重なコードを切断
しなくてもよくなる。

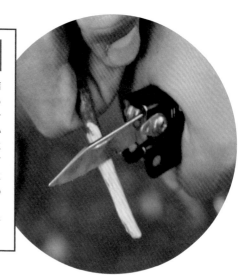

テグス結び
（フィッシャーマンズ・ノット）

テグス結びは、コードとコードをつなぐ際のシンプルな結び方だ。

1. 1本目のパラコードを手に取って、2本目のパラコードに巻き入れながら止め結びを作る

※同じように、2本目のコードも1本目を巻き込みながら止め結びする

2本のパラコードをそれぞれ別方向に引っぱって、2つの結び目を寄せてくっつける

※※1つ目の結びを先に締めておくと、寄せやすくなる（上図は見本）

2. 単なる止め結びなので、結びの外側にコードを少し出しておくと、結び目が勝手にほどけてしまうのを防げる

パラコードまめ知識：
端は端でもどっちの端？

結びを学んでいると、たびたび出てくる要暗記の用語がある。それが、元（スタンディング・エンド）と端（ワーキング・エンド）だ。元（もと）とは、留め具につながれていたり、支えになったりしているほうのコード先端のことで、たいていは長く伸びているほうの端にあたる。そして、ちゃんと端（はし）と呼ぶのが、結び目を作ったり、あれこれいじったりするほうのコード先端のことで、ふつうは短く詰まっているほうの端になる。

プルージック結び（プルージック・ノット）

　プルージック結びは、登山者のあいだで滑落防止用の命綱をつなぐときにもっぱら用いられている。この際、二重テグス結び（47ページ）で輪を作って、身体側に装着しておく。この結びは、安全確保用の登山ロープに沿って、簡単に上下へとスライドさせられる一方で、結び部分に力が加わると、結び目がロープをぐっと締めつけて、動かなくなる。これはサバイバルのときにも、クライミングの補助器具として利用可能だ。ロープを使って登る際、この輪をつかみながら身体を持ち上げ、ロープ沿いに結び目をスライドさせつつ進んでいくのだ。

1. 1本のパラコードを手にして、両端を二重テグス結びでつなげる（図の黒パラコード）
この結びのあるコードを、軸となるコードの下に通し入れる

2. 結び目のある輪の左側部分を、軸コードの上まで引っぱり、輪の右側部分の下に差し入れる

3. パラコードを少しぎゅっと寄せてから、輪の端（ワーキングエンドのほう）をつかんで、軸コードの上から左に回して、そこからぐるりと下に巻いて、元の位置に戻そう（これで軸コードの周りにぐるぐる巻きつくかたちになるはずだ）

4. 戻ってきた輪の端の下に、結び目のある
コードを再度通し入れると、図のようになる

※そのとき、端の輪の巻きが外側に、結び目コー
ドの巻きが内側に来るように注意するといい

5. 3巻きしたあとの結び目は図のようなかた
ちで、できるだけぎゅっと寄せておこう

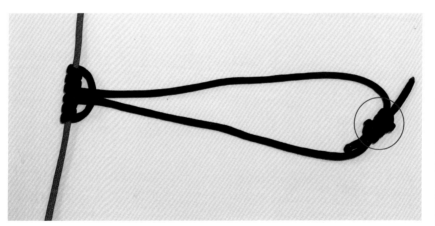

6. 輪つきのプルージック結びの完成形は図の通り

※注意：登山上のルールとして結び目にカナビラ類がか
からないように結び目を少しずらすことになっています。

もやい結び（ボウライン）

　もやい結びは、コードの端にずれない輪をちょうどいい具合に作れる結び方だ。人命救助など、しっかりと固定された輪が必要になるときにも使える。ただし緊急事態でない限り、パラコードを登攀ロープとして使わないよう、くれぐれも注意してほしい。

1. 曲げたコードを上から重ねて、eの形状にする

2. コードの端（ワーキング・エンド）を、できた輪の下から上へと通したあと、さらにコードの元（スタンディング・エンド）の下に通して、図のようにする

※引き締めたあとに先が長くなりすぎないよう、先端部分をしっかりつまんで作業するとよい

3. コードの端を折り返して、さきほどの輪の上から下に再び通したあと、下にできた大きな輪とパラコードの先端を指でつまみながら、空いている片手でコードの元のほうを引っぱってぎゅっと結ぶ

4. ボウラインの出来上がり（輪の大きさはお好みで調節を）

わなもやい結び
（ランニング・ボウライン）

　ボウラインの輪をスライドとして使うには、まずはもやい結びの作り方をなぞっていこう（34ページ）。そのあと輪のなかに、パラコードの長い元側のほうを通せばいい。

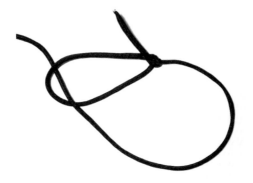

1. いろいろなバリエーションをやってみる前に、しっかりボウラインの作り方を練習しよう

2. パラコードの長く伸びているほうをボウラインの中に通すと、さらに大きな輪ができる
※この結びは引くと輪が小さくなる

三重もやい結び
（トリプル・ボウライン）

　三重もやい結びの作り方は、ふつうのもやい結びの手順（34ページ）とほとんど変わらない。とはいえ、最初の段階でパラコードを二重（2つ折り）にしておく必要がある。最後には1つどころか3つの輪が出来上がる。こうしておくと、複数の道具を持ち上げたり下ろしたりするときに役立つわけだ。

1. まず手始めに、パラコードをたたんで二重にした状態で、ボウラインの「e」の形状を作ろう

2. 下の輪を、上にできた二重の輪の下から上に通す

次ページに続く

3. パラコードの元部分の裏に、そのままその
輪を通す

4. そしてその輪を中央にある輪の下へとくぐ
らせたところで、この輪と下の二重の輪が
残るように一緒につまみつつ(押さえつけつ
つ)、結び目を締めていく

※残す輪が崩れないように、つまむところがポイント

5. この3つの輪を押さえつけながら結び目を
引き締めると、こんなふうに同じ大きさの
輪が3つできる(ちなみに、うまく作るには
少し練習が必要)

ホンダ結び
（ホンダ・ノット）

　このホンダ結びには、おそらく馴染みのない人も多いはずだが、役に立つこと間違いなしと言ってもいい。サイズ可変な輪をこしらえて、投げ縄のように用いたいときに使う結び方だ。

1. パラコードの端（ワーキング・エンド）に、止め結びを作る

2. パラコードの端を持って、時計回りにひねり、小さな輪を作る

3. 止め結びの手前部分をへこませU字にしつつ、そのまま引っぱって輪の下から上へと通す

4. 今、通してできた輪と、止め結びの両方を片手で押さえつけながら、その輪のコードを引っぱっていくと、残りの部分がきゅっと締まっていく

5. 仕上げは、わなもやい結び（35ページ）と同じで、パラコードの長く伸びているほうをその輪の中に通すと、大きさが変えられる輪ができる

図5でパラコードに巻かれている輪は、見やすくするためかなり大きくなっているが、実際の結びではもっと小さく作るので、上図のほうが見た目としては正確だ

※この結びも、なわもやい結び同様、引くと輪が小さくなる

本結び／真結び（リーフ・ノット）

　本結び（真結び）は、同じ直径のコード2本をつなぎたいときに用いられる結び方だ。止め結びと同じくらい広く使われている結びである。作り方も簡単なので、筆者も多用しているし、ご存じの方も多いだろう。

1. まず2本のパラコードの端と端を取って、X字に交差させるそれから、片方の端（ワーキング・エンド）をつかんで、いったん折り返してから、もう1本のコードの下から上へと通すと、上の図のようになる

2. 再び2本の端を取って、手順1と同じことをして同じ形状を作る

　※色の違うコードを使うと、同じ色の端と元（スタンディング・エンド）が同じ向きで揃うので、わかりやすい

3. 色の同じ端と元を引っぱって、結び目を締める

結びつけ（ヒッチ）

　コードやロープを柱・杭など棒状のものに結びつけることを「ヒッチ」という。ヒッチの活用法にもいろいろあるが、個人的には縛り（ラッシング）の最初や最後で、パラコードの固定のために使ったりしている。

ひと結び（ハーフ・ヒッチ）

　ひと結びが単体で役に立つことはあまりないが、そのいろんなバリエーションが、別のヒッチや結びのときにうまく利いてくる。

1. ひと結びでは、まずパラコードの端（ワーキング・エンド）を棒きれの周りに回してから、その端をつまんで元（スタンディング・エンド）に下からぐるっとからげて、できた輪の中に通すそのあと、端と元をそれぞれ反対方向にぎゅっと引っぱると、ヒッチも締まる

巻き結び／徳利結び（クローブ・ヒッチ）

　巻き結びは、ヒッチに対して引っぱる負荷が垂直方向に
かかっている場合にだけ有効だ。それ以外の向きに力がか
かると、ヒッチがゆるまるおそれがある。モノにコードを結
びつける（縛りつける）際の仮留めに用いるのが一般的だ。

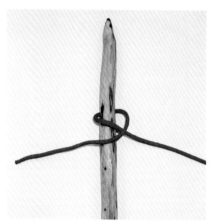

1. パラコードを1回転巻きつけて、端（ワーキング・エンド）が元（スタンディング・エンド）の上に交差するようにする

2. 端側のコードをさらにもう1回転巻きつけつつ、そのコードの下に通して、上のコードと下のコードのあいだに挟み込むようにする

3. できた2つの輪をずらしながら寄せて、端と元をそれぞれ反対方向にぎゅっと引っぱると、ヒッチも締まる

トラック結び
（トラッカーズ・ヒッチ）

　このトラック結びは、カヌー結びと呼ばれることもあるらしい。荷物の固定やシェルターの尾根部分に有効なヒッチなので、覚えておくといいだろう。

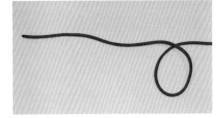

1. まずは左にパラコードの端（ワーキング・エンド）を持って、反時計回りにひねり、輪を作る

2. 端の手前部分をへこませてU字にしつつ、そのまま引っぱって元（スタンディング・エンド）側のコードの下に入れると、2つ目の輪ができるので、そのまま図のように1つ目の輪の上へと通す

3. 端と元を引っぱると、輪の結び目が締まる

4. 端側のコードを棒に巻きつけたあと、その先を輪に引っかけてから引っぱってやると、元側にあったたるみも引きしまる

5. 仕上げとして、端のところでひと結びを2回やる（つまりふた結びを作る）

ねじり結び（ティンバー・ヒッチ）

　ねじり結びは、ひとまず仮留めとしてコードをモノに結びつけたい場合に用いる結び方だ。縛りを行う前段階にも使えるので、個人的には重宝している。

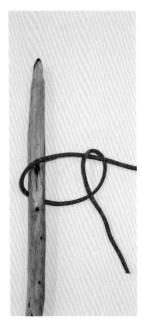

1. パラコードの端（ワーキング・エンド）でモノをひと巻きしてから、元（スタンディング・エンド）側のコードにもからげて小さな輪を作る

2. 端側のコードを輪のところにぐるぐると巻きつけていく（図参照）

3. 仕上げとして、端側と元側のコードをそれぞれ反対方向に引っぱって、ヒッチを締める

縛り（ラッシング）

ロープなどを用いて複数の木や棒を組み合わせることを「ラッシング」という。シェルターや筏といったものを組み立てるにあたっては、ロープを使った縛り方の知識があるかどうかが大事なポイントだ（筏の作り方は223ページ、シェルターの制作方法は176〜181ページを参照のこと）。

角縛り（スクエア・ラッシング）

この角縛りが、2本の棒をしっかり直交で組む際の最適な縛り方だろう。

1. まず一方の棒に、パラコードの端を巻き結びかねじり結びでくくりつける（個人的にはねじり結びが好みだが、別にどちらでもOK）

2. 次にコードの端（ワーキング・エンドのほう）をつかんで、十字棒の上部分の裏、左部分の上、下部分の下、右部分の上という順に通していき、これを少なくとも3〜4周くり返す（上図はわかりやすいよう、少しゆるめに回してある）

3. 手順2の棒周りのパラコードを引き締めると、実際には上図になる

4. どちらかの棒に1巻きしたあと、別の向きにも同じ手順をくり返してから、ぎゅっと引き締めて最後は巻き結びで固定する

5. 出来上がった角縛りでは、2本の棒がぐっと固定されているので、荷物を支えることもできる

あや縛り（ダイアゴナル・ラッシング）

　あや縛りが、斜め向きに複数の棒を固定する際にはうって
つけだ。たとえば、山型の枠を組みたいときがいい例である。

1. まずは、2本の棒が結び目の中に入るよう
に、ねじり結びをする

2. 1対角線上にぐるぐるときつく巻きつける

3. どちらかの棒に1巻きしたあと、そのまま別
の対角線上にも同じ手順でぐるぐると巻き
つけると、交わったコードがちょうどX字に
なる

4. 最後に巻き結びで縛りを固定する

コードのつなぎ方

　たとえば、いろんな長さのパラコードが何本も手元にあるけど、今ほしいのはもっと長いコード1本なのに、という状況もあったりすると思う。その場合には、細切れのパラコードをつないだり接着したりして、1本の長いものを作ればいいわけだが、そのやり方にはいろいろある。

熱で接着

　この最初のやり方では、向かい合うパラコードの切り口2つを、熱で溶かして10秒間押しつけ合うことが必要だ。ナイロンは溶けると接着できるようになり、冷えると合わせた部分がくっつく。溶けた状態のナイロンの取り扱いでは火傷に要注意だ。

　パラコードの端を溶かしてくっつけるこのやり方は、手芸やブレスレット制作にもよく用いられる。確かに使い勝手はいいものの、元のコードほどの強度がけっして出るわけではない。用途としても物干しロープを超えた利用はどうか控えてほしい。

1. オイルライターなど立てて置ける熱源があれば、パラコードを両手で持てる
それぞれ端が黒く変色して溶けた時点で熱源から離し、すぐに端と端を押し合わせ、約10秒そのままにしておこう（冷却時間は溶かした量次第で変化する）

※触っても熱くない程度になったら、接着部を整えてくっつき具合を強めてもいい

2. 接着具合が気にくわなかったときには、その部分を軽く再加熱して整形し直してもいいが、場合によってはその部分を切断してやり直したほうが楽なこともある

※溶けた箇所は、高熱で粘着性もあるので、手で触るときにはくれぐれも注意すること

二重つぎ（ダブル・シート・ベンド）

　端をつなぐ2つ目の方法が、二重つぎを用いたやり方だ。この手法は覚えやすい上に、パラコードの長さが不揃いでもうまくいきやすいので、個人的にもお気に入りだ。芯の部分を結んで長いコードにするときにも使えるやり方である。つぐ際に、接続部分に一定の圧力がかかるかたちになれば、うまくいくのだが、ピンと張られたところがゆるむると、コードがほどけ始めたりする。いい面としては、使い終わったときに引きほどきやすい点だ。

1. 黒いコードを2つ折りにした上で、そこに白いコードを下から上に通し、そのまま折り返して先を二重の黒いコードの下に通す

2. 白いコードの先端をそのコードの下に通した上で、そのまま黒いコードの上にも通す

3. 上に出た白いコードを再び折り返し、右側にもう1つ同じ巻きを作った上で、前の手順と同じ通し方をする

4. コードを締めて、端同士をぴったりつなぐ

二重テグス結び（ダブル・フィッシャーマンズ・ノット）

二重テグス結びは、かなり強度の高いつなぎ方だ。

1. コードの端をもう1つの
コードに巻きつけて図の
ように輪をつくる

2. 白いコードの端を折り返し
て、2つできた白い輪に通
していく

3. 白いコードの元側と端側
を引っぱって、黒いコード
に巻きついた白いコード
を締める

4. ここまでと同じ手順を繰り
返して、黒いコードも白い
コードに巻きつけて締め
る

5. 白黒のコードの端をそれ
ぞれ反対方向に引いて、2
つの結び目を寄せる

縫合

最後のやり方は少々手間が必要だが、しっかりつなげられる。縫い針やカーブ針があると完璧だが、わざわざ携帯している人は少ないだろう（ただしパラコードを持ち歩くなら針を数種類カバンに入れておいても損はない）。

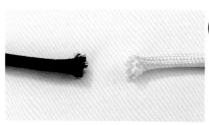

 パラコードまめ知識：切れ味は重要

切れ味のいいナイフやカッターがあれば、コードの切り口をいつもきれいにできる。切り口が粗いと、繊維が大きくほつれて、芯が飛び出てしまう。

1. つなぎたいコード2本の一端をそれぞれカットして、きれいな切り口を2つ作る
外皮の編み地を押し戻して、内側の芯を2.5〜5cmほど露出させる
その芯の部分をカットして、外側の編み地を再び引っぱり上げると、芯のないからっぽの部分が先端2.5cmほどできる（この作業を切り口2つ分繰り返す）
ここで、パラコードのつながない端のほうは、溶かしたあと指の腹で転がして尖らせておくといい
2本とも端部分をからっぽにできたら、外皮の編み地の端から1.3〜2.5cmあたりの位置に穴を開ける
ここからは、できた穴に、もう1本のコードを尖らせた先端部分から通し入れて、からっぽ側が10cmほど穴から出た状態にまで引っぱることになる

2. まずは白いコードの溶かして尖らせた先を、黒コードに開けた穴に通し入れて、そのまま黒いコードの端にある開口部から引き出していこう

3. 次は黒いコードの溶かした先を、白コードの穴に通し入れて、白の端にある開口部から引き出していくわけだが、このとき2本がぴんと揃うように引っぱっておこう

4. この2本をそれぞれ反対方向にぐっと引いて、うまくかみ合ったところでこの接続部分を軽く焼き、表面を溶かしてなめらかにくっつける

※火傷に注意すること

5. 溶かしすぎると接続部がもろくなるので要注意

パラコードの工作に役立つ工具類

　この節では、パラコードを用いた工作を行う際に、その作業がもっと楽になるような工具・道具類を紹介していく。

図内工具一覧

● ナイフ（写真はビクトリノックス・ハンティング
　Proナイフ）
● ライター
● ハサミ
● ブレスレットメーカー
● モンキーフィストジグ
● 手芸用かんし
● ひも通し
● 縫い針
● パラコード用編み針（パラコードニードル）
● 巻尺（メジャー）

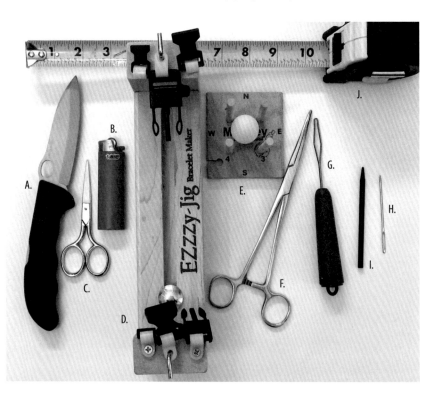

必需品：ナイフとライター

　基本工具としてまずこの2つ
は、野外に出る際には常に携帯
しておきたい——切れ味のいい
ナイフ（A）とライター（B）だ。き
れいな切り口を作るにはやはりナ
イフで、パラコードの端をカットし
て接着するとき必要になってくる
（45ページ参照）。屋内ではナイフ
の代わりに、切れ味のいいハサミ

（C）を使うのもありだ。ライターがあると、切り口を溶かせるので、2本のパラコードをつない
だり、焼き止め処理ができたりする（パラコードの端が切られて開いたままだと、コードを回し
ているうちに中身の撚り糸がどんどん漏れ出てきてしまうため）。

手早く作成：ブレスレットメーカー

　たくさんのブレスレットを作るなら、ブレスレットメーカー（D）を手に入れておくのもオスス
メだ。この器具があれば、正確な寸法がセットできるし、ブレスレットの両端もしっかり固定
できる。自分も長いあいだ、この器具なしでブレスレットを作っていたが、手元にあって本当
によかったと思える代物だ。そのほか、もし入手できるなら、モンキーフィストジク（E）（100
ページ参照）も便利だ。

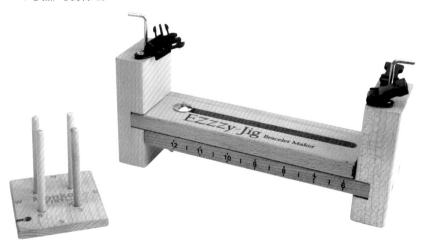

ピンセットペンチまたは手芸用かんし

　個人的には、ピンセットペンチか手芸用かんし（F）も手元にほしい。これがあると、小さな穴や管にもうまくパラコードが通せる。時間の節約にもなる上に、編み込み時にやりすぎて指先を痛めることもなくなる。ひも通し（G）も、結び目や狭い輪のあいだへパラコードを通そうとするときに便利だ。

縫い針と編み針

　最後に紹介するこの2つのツールは、自宅作業でも使っているし、野外でもカバンに入れて携帯している。筆者が持ち運んでいるのは、ふつうの縫い針（H）と、大きめのパラコード用編み針（I）だ。パラコードニードルとも呼ばれるこの道具があれば、コードの編み込みも手早く簡単にできる。この針は中が空洞なので、ここにパラコードの端を挿し込めるわけだ。こうした道具は作業スピードを上げるだけでなく、これがないと作業自体ができないことだってある。

巻尺（メジャー）

　目測でできないこともないけれども、巻尺（J）があったほうがやはり作業は正確になるし、パラコードの切れ端を無駄にしたりすることも少なくなる。

便利な金具・小物類

パラコードの工作では、いろいろな金具・小物が用いられるが、筆者が野外活動で重宝しているものをここに紹介する。まず挙げたいのがバックルとカン金具で、これはブレスレットやストラップ、犬の首輪などでコードの両端をつなぐ留め具として活用する。とりわけ近年はプラ製バックル（A）の進歩がめざましく、各メーカーのアイデアのおかげでバックル内にさまざまな機能が実装されているのだ。方位磁針や登山用ホイッスルつきのバックルもあれば、ナイフの組み込まれたものまである。ただ、多少費用をかけてもいいのであれば、金属製バックルやカン金具のほうが耐久性もはるかに高いし、野外活動の緊急時にもいろいろと使い勝手がある。

手芸用ビーズはいろいろな工作に使えて、見た目にメリハリをつけたり、色あざやかにできたりする。本書では、歩測ひも（ペースカウンター）（216ページ参照）、いわゆるレンジャービーズに用いている。特殊な器具が手持ちにないとき、どれだけ歩みを進めたのか計測するために使うものだ。プラ製のコードロック／コードストッパー（B）もビーズの代用になるが、レンジャービーズの工作となるとそれなりの数が必要になる。装備の補修や引きひもポーチの工作にも便利だ。

キーリング（C）はもとからシンプルな代物だが、装備補修のほかさまざまな用途で役に立つ。自分もいつもカバンに少しばかり入れている。

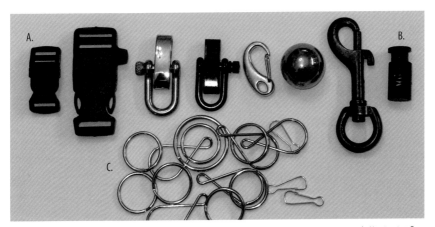

図（左から順に）：各種バックル（A）［1つ目は通常のプラ製バックル、2つ目はホイッスル内蔵バックル］、ネジ式Dカン2つ、網ナスカン、直径2.5cmのボールベアリング、鉄砲ナスカン、プラ製コードロック（B）
（下段）：各種キーリング（C）と板ナスカン

パラコードのまとめ方

パラコードの適切な収納方法がわかっていないと、コードがからまったり、勝手に結び目ができてしまったりして、それこそ心が乱れてしまうことがある。筆者もパラコードをそのままカバンの中に放り込んだために、わざわざほどく羽目になって何時間も無駄にしたことがある。このページでは、パラコードの簡単な運搬方法を紹介したい。

巻き取りリール、いわゆるロープスプールは重さが軽く値段も安く、パラコードを取り扱う店舗やウェブサイトなら、たいていのところで購入可能だ。パラコードの一端をフレームに結びつけたあとは、残りをぐるぐる巻いていくだけでいい。しかも形状が平らなので、カバンのなかにもすっと収まるし、カバンの外側にも引っかけられる。こうした巻き取りリールを使えば、複数のパラコードをちょっとずつまとめることだって簡単だ。

パラコードまめ知識：自作の巻き取りリール

パラコード用の巻き取りリールは、身近なものでDIYできる。たとえば、アルミホイルの芯のような厚紙の管にもパラコードは巻ける。ただし欠点としては、紙製なので水にぬれると壊れるおそれがある。ほかにもスープ缶や飲料缶にパラコードを巻いてもいい。

パラコードまめ知識：余った芯も巻いておこう

筆者の講習会では、「パラコードの端切れにもいろいろ面白い使い道があるよ」といつも話していて、何も捨てたりしない。では捨てずにひとまずどうしておくかというと、使用済みの糸巻きを使って、芯を巻いていくのだ。一重つぎや二重テグス結びで端を結んでいけば、端切れになったコードもどんどん足していける。糸巻きがあれば、不要なものとして中身から抜かれたコードも、予備のパラコードとして取っておけるわけだ。

裁縫糸の糸巻きには、たいてい上部に切り込みがあるので、そこに芯の端をひっかけられる。ただしこちらは太い糸であるから、通すためにはナイフの先を使ってあらかじめ少し広げておく必要がありそうだ。

巻き取りリール（ロープスプール）のなかにはパラコード用のものもあり、カッターやライターホルダーが付属していることもある

3 実際の準備

パラコードの大好きなところとしては、もちろん持ち運べるという機能面もさることながら、やはりあえて言えば、おしゃれさも兼ね備えている点にある。この章では、野外に出る前の準備段階で、持ち物として用意しておくといい便利アイテムのさまざまな作り方を説明していきたい。こうした工作を自宅でやっておけば、あとあと野外で窮地に陥ったときにも対応できるというわけだ。

パラコードを買い揃えて、あらかじめ工作しておこう——突然の事故が起こる前に

すばやくほどけるパラコード

　一刻を争うときに、パラコードが必要だからといちいちブレスレットやロープをほどいていては間に合わない。ここで紹介するすばやくほどけるパラコードの編み方を押さえておけば、一見ファッション目的のよくあるブレスレットや飾りひもでありながら、コードに早変わりできる便利なお助けアイテムをこしらえることができる。作り方も簡単で、野外ですぐ使えるところも実にいい。

工作：くさり結び（59ページ）

工作：棒結び（62ページ）

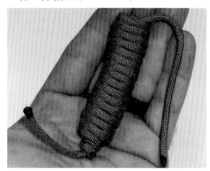

工作：

くさび結び（チェーン・シネット）

必要なもの

・5mのパラコード

作業時間の目安

・10〜15分

　帽子に巻きつける飾りひもとして作るこの工作と、水筒ホルダー（93ページ）の両方では、「くさり結び」という同じ編み方を採用している。くさり結びでは、輪をずっとからませ続けていくことで、全体のデザインがで出来上がる。この編み方のいいところは、コードが必要なときには、止め結びをほどいて端を引っぱるだけで済む点である。いわゆるフィールドハットになら、どれにも巻きつけられる飾りひもでありながら、必要時にはほんの4秒で長さ5mのコードになるという代物だ。

1. パラコードの一方の端にシンプルな止め結びを作ったあと、その上部にもう片方の端をからげて輪を作る

※5mのパラコードが1m強の長さになって持ち運びがかなり楽になる点が、筆者お気に入りの編み方たるゆえんのひとつだ

次ページに続く

2. 首元にかけたコードの手前部分側を2つ折りにして最初の輪に通して、2つ目の輪を作った上で、元側の止め結びを引っぱって最初の輪を締めつけ、2つ目の輪だけにする

※個人的にはいつも図よりも輪を小さく作るが、習いたての段階では輪を大きくしたほうが、何がどうなっているかわかりやすいはずだ

3. 2つ目の輪の首あたりにかかる最初の輪の締まり具合は、図を参照のこと（なお輪を大きめにすれば、できあがりの長さ全体も短くなる）

4. パラコードのもう一端に達するまで、さきほどの輪作りの手順を必要な回数繰り返していく

※この工作を最後まで進めると、連なっている輪が「くさり」のように見えてくる

5. さて、パラコードの端まで来たら、しめくくりとしてコードの先を1つ前の輪に通した上で、その輪をぎゅっと下に詰めつつ締めよう

6. 手順5の最後の締めをせずに上図のように輪を作ったままにしてしまうと、移動中に全体が自然とほどけてしまいかねない。

※最後の輪に通すだけの長さがあればよく、最終的に端に多少コードが余っていても問題ない。

7. パラコードを開いてほどくときには、手順6の状態にして、コードの先を引っぱろう（編んで0.9mになったくさり結びは4秒でほどけて、長さ5mのコードになる）

工作：
棒結び（コイリング・ロープ）

必要なもの

・2.4mのパラコード

作業時間の目安

・5分

　すぐにほどけるパラコードのまとめ方の2つ目は、棒結びだ。こうして束状にすれば、カバンのポケットにも楽々収まる。ただしカバンの外側にくくりつけたりすると、上下左右に揺れたパラコードがほどけてしまうことがよくある。この手順は柄巻き（グリップカバー）（194ページ）とほぼ同じなのだが、ただ2つ違うところがあって、それはパラコードを道具には巻きつけず、そのコード自体に巻きつけていく点と、切り口を焼き止めしない点だ。

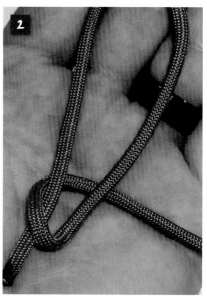

1. パラコードの片端を2つ折りにして、逆U字を作った上で（巻きつけるコードの量が多いほど、このU字を長く大きくしないといけない）、コードのもうひとつの端を取って、下から上へ向けてぐるぐる巻きつけていく

※今回の例では2.4mのパラコードを巻いている

2. そのときのパラコードの総量に合わせて、逆U字の上部まで包んでしまわないよう気をつけつつ、U字の胴体部分にぐるぐると、上まで行ったら下に戻り、必要な回数行ったり来たりして巻いていこう（コードの巻きは、右巻きでも左巻きでもどちらでもよい）

3. コードの巻きは、図のように1つずつしっか
りきつく詰まるようにすること（そうしない
と巻き終える前にほどけてしまう）
この工程を数往復繰り返して続けていく。

※巻いていくうちにロープの長い方がねじれてくる
ので注意
※巻束の厚みは、胴体の上部で巻き終わりがうま
くくるように、目で確認しながら調整しよう

4. コードを上部の輪に引っかけられるくら
い残しておいて、巻き終わったコードの先
を輪に通したあとは、下から突き出ている
コード反対側の端を引っぱれば、上の輪も
すぼまってコード全体が締まってくれる

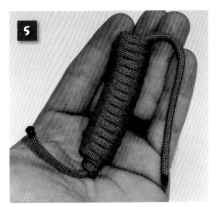

5. パラコードが今すぐ必要というときに、上の
輪にかかって中に入っているコードの端を
引っぱり出せば、巻き束は簡単にほどける

※このパラコードの元の全長は2.4mだが、巻
き終わったときには、ポケットにも楽に収まる約
10cmのコンパクトな束にまで小さくなる

工作:
ロープの作り方

必要なもの

- 120mのパラコード
- ハサミまたはナイフ
- ライター

作業時間の目安

- 4時間

この工作では、計120mのパラコードが必要になる（実際は60mのコードが2本必要なのだから、理想としては1スプール（305m）分ほしいところだが）。工作の結果としては長さ約22.86mのロープが編み上がるわけだが、その実体はパラコード120mであり、もし分解してつなげたなら全長は960mにもなるはずだ。

1. まずは1本のコードを2つ折りして中点を見つけ、同じことをもう1本にもしてから、図のようにその中点同士をお互いに引っかける

※なお今回の図では、左のパラコードを「緑コード」、右側のコードを「橙コード」と呼ぶ

2. 緑コードの左上部分を取って、橙コードの裏側に敷いたあと、橙コードのU字のあいだに下から上へと通して、橙コードの左側の上へと重ねる

3. それぞれを寄せて図のようにまとめる

4. 同じ手順を橙コード側でも繰り返すために、橙コードの右上部分を下に回して裏側へとやり、そのコードを緑2本のあいだに入れてから、緑コード右側の上へと出す

5

5. ロープの起点を図のようにまとめたあとは、好みの長さのロープになるまで、左右、左右と交互に手順2と4を何度も繰り返していく

6

6. うまく編めれば、結び目が図のようになる

※たくさん結び目を作るうちに、コードが上の結び目に巻き込まれて、編むのを先に続けられなくなることがあるが、その場合はいったんからまったコード（端）を引き出してほどいてから、結びを再開しよう（この際、編み終わった部分がほどけないよう、片手でその結びの部分をしっかりと押さえておくといい）

7

7. ロープの先端まで来たら、伸びている4本をまとめて止め結び（二重止め結び）でくくって、端を固定する（さっと簡単にできる上に、必要なときにも難なくほどける）

※よほど長すぎる場合以外は、この4本の先端は切らないほうがいい（これがあると、装備などほかのモノに結びつけるポイントにもなるし、ロープ状態のままでカットするのも楽になる）
※※ロープの編み込みがうまくいかないときは、10cmほど結び目をつくっていったあたりで、テーブルクランプなどを使って固定してやるといい

パラコードまめ知識：パラコードで作ったロープに金具を

　パラコードで作ったロープ上部に取り付けられる金具は探せばいろいろある。個人的なお気に入りは、耐久性のある金属製のリングやカラビナだ。

この種のものをロープに取り付けたいなら、作る際にまず最初の輪のところに好みの金具を通してから、そこから編み始めるといい。そうして出来上がったロープにはリングがあるので、何かを通して持ち運んだりつり下げたりしやすくなる。

ロープの端に金具がひとつあるだけで、さっとモノに固定しやすくなるし、結び目がほどけてしまう心配も無用となる。

パラコードまめ知識：ウォリアー・ロープでもっとごつく

　時間とコードと根気があるなら、さきほどのロープ工作のパワーアップ版が作れるので、ぜひオススメしたい。名付けて「ウォリアー・ロープ」は、ほかで見かけたことがないので、筆者独自の編み方だ（先人がいたら申し訳ない！）。

　この工作では、まずロープを2本あらかじめ編んでおく必要がある（作り方は前の見開き参照）。ロープ2本ができたら、それぞれ中点を探して2つ折りにする。そしてここから、2本の編みロープを、ふつうと同じやり方で編み込んで、さらにごついロープを作るわけだ。

　仕上がるのは、直径2.5cmのきわめて強靱な編みロープ。結びが重なってごついので、濡れた状態でも手でしっかりとつかめる。パラコードには伸縮性があるので、結び目の連なりが一種のサスペンション機能になって、バンジー用コードと似た働きもしてくれる。

　この極太ロープを1本作りきるのに、10～12時間かかる。さらに問題なのが、元のロープより全長がかなり短くなることだ。

通常のロープ（右）と「ウォリアー・ロープ」（左）ではずいぶん異なるのが見て取れる。工作には手間がかかるが、出来上がったものの真価はすごい。

さきほどの工作でできたロープなら、それぞれ約22.5mだが、この2本を使って編み込むと、完成品の長さとしては約8.5m、テール部分を含めても9mにまで縮まる。とはいえ、この1本さえあれば実体240mのパラコード、分解してつなげれば1,920mのコードが手元で扱えることになる。

ブレスレット

　本書では、パラコードで作るブレスレットについて、2つのカテゴリを設けてある——通常のパラコード・ブレスレットと野外活動用パラコード・ブレスレットだ。

　パラコード・ブレスレットの材料は基本、パラコードとバックルだけで、時々アクセサリーも入ってくる。ここでのアクセサリーはふつう、身につける本人にとって何か意味のある図案などがあしらわれた金属製の部品やタグのことだ。含まれているパラコードは、差し迫ったときにほどけばコードとして役に立つことも確かにあるが、ここでは単にパラコード・ブレスレットと呼ぶことにする。

　かたや野外活動用パラコード・ブレスレットは、材料にパラコードやバックルのほか、そもそも緊急事態に備えたアイテムが含まれている。この種類のブレスレットでは、バックル内に小型の方位磁針やナイフ、ホイッスルにファイヤースターターなどが入っていたりする。こちらのブレスレットは野外活動の緊急時にあると助かるものが多いから、野外活動用パラコード・ブレスレットと呼ぶわけだ。78ページ以降の野外活動用ブレスレットの工作では、釣り糸や釣り針、麻ロープのほか、小型コンパス、火をおこすためのファイヤースターター等が組み込まれている。

工作：パラコード・ブレスレット（69ページ）

工作：二重平編みブレスレット（73ページ）

工作：野外活動用ブレスレット（78ページ）

工作：
パラコード・ブレスレット

ここでは、仕上がりが長さ24cmのパラコード・ブレスレットの作り方を示す。

必要なもの

- ・190cmのパラコード
- ・43cmのパラコード
- ・プラ製バックル
- ・ライター
- ・ナイフ

作業時間の目安

- ・20分

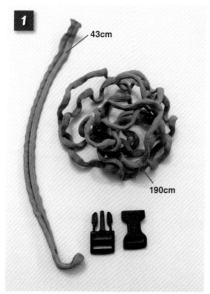

1. まずはブレスレットの芯となる部分を作るために、短いほうのパラコードを取って、両端を合わせつつ2つ折りにしよう

※43cmで短いほうのパラコードがブレスレットの軸になる（今回の工作で使用しているのは1.3cmのプラ製バックル）

2. そうすると片側にU字ができるので、これをバックル穴に上から通す

※パラコードを狭い穴に差し込むのが難しい場合は、ペン先など先の丸いもので押し込むと通しやすくなる

次ページに続く

69

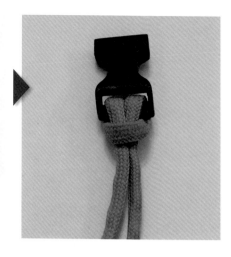

3. 穴を通してできた輪のところに、コードの端を2つとも揃えて通し入れてから、バックルのところに結び目を寄せてしっかり締める

※これをヒバリ結び（カウ・ヒッチ）という

ヒバリ結び（カウ・ヒッチ）

4. いよいよここからブレスレット本体の作成で、平編み（コブラ編み）を始める
長いほうのパラコードの両端を揃えて2つ折りにすると、同じく片側にU字ができるので、ここをコードの中点としてブレスレットの軸の裏に当てる

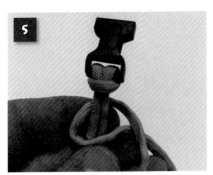

5. 左側のコードを軸の上に当ててから、右側のコードの下に入れる

6. 今度は右側のコードを取って、左側のコードの裏に回して、そのまま軸の後ろを抜けて、左側の輪に下から上へと通して出す

※この時点では全体がゆるゆるでもいい

7. つまりは止め結びの応用で、結び目ができるよう左右のコードを引っぱりつつ、ここからは同じことを交互に繰り返していくわけだ（最初の1つ目で勘がつかめたら、どんどん先へと進めていい）

※ここで結び目があまりきつすぎてもいけない

8. 次の結び目では、右側のコードを軸の上に当ててから、左側コードの裏に入れることになる（これで形状も整ってきた）

次ページに続く

9. 左側のコードを右コードの裏に回して、芯の後ろを抜けてから、右の輪に通す

※このあたりでコツはつかめただろうか?

10. 左右のコードを引っぱって結び目を作ったあとは、手順5に戻って、ブレスレットの端に来るまで交互に繰り返していく

11. ブレスレットの端近くまで来たら、軸の先端部分をもう片方のバックルにある穴に上から通して、先を軸の内側に折り返した上で編み込めば完成だ

※もう編めなくなったところで、端がはみ出ていたらそこはカットし、ライターで焼き止めするといい

12. 完成したブレスレットは上図の通り

工作：

二重平編みブレスレット

　このごつめのブレスレットには、結構な量のコードが含まれているので、緊急時にも重宝する。二重平編みは78ページ以降の野外活動用ブレスレットの工作でも用いられているので、ここでの工作がいい練習になるはずだ。

　この工作で用いたプラ製バックルには、登山用ホイッスルと火おこし用のファイヤースターターが内蔵されている。取りかかる前に、自分の手首のサイズも測っておこう。パラコードを1本、手首に巻きつけたあと、その部分の長さを定規で測るのが簡単なやり方だ。筆者の手首サイズは、コードをきつく締めた状態だと19cmなのだが、締まりすぎは気持ちよくないので、バックルが動かせるだけの余裕をある程度持たせたい。しかも二重平編みだとブレスレットも太く（厚く）なるから、全長にもう5cm足すので、端から端までの長さが24cmになるわけだ。

　必須ではないが、ブレスレットメーカー（ブレスレット用の作業台）があれば、とりわけ初心者には作業が格段にやりやすくなる。まずは長いほうのパラコードの寸法を採ってから、バックルの端部分にヒバリ結び（カウ・ヒッチ）を作り、その上でもう1つのバックルの穴に、揃えたコードの両端を上から通しておこう。

必要なもの

- 3.8mのパラコード
- 43cmのパラコード
- プラ製バックル
- ライター
- ナイフ
- 定規
- ブレスレットメーカー
  （作れるが便利なのでオススメ）

作業時間の目安

- 15分

次ページに続く

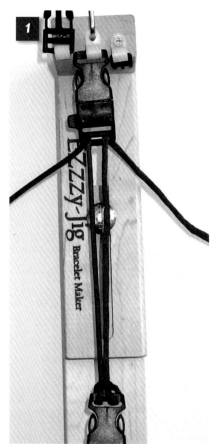

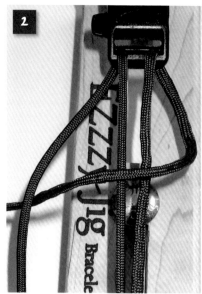

1. 本体（軸）とは、実際に編まれている中身の
コードのことで、そこへ編み込んでいくのが
コードの端（ワーキング・エンドのほう）となる

※ヒバリ結びが表にくるか裏にくるかは自由

2. 手始めに、紫コードの端（ワーキング・エン
ド）を取って、中央2本のパラコードの上に
当てながら、左端の緑パラコードの下に入
れる
さらに、その左の緑コードを紫コードの裏
に回してから、本体の後ろに通し、右にあ
る紫コードの輪に下から上へ通して出す

 パラコードまめ知識：こだわりの平編み

ブレスレットの編み方にもいろいろあるが、
やっぱりこれだなといつも思うのが平編み
だ。いちばん覚えやすい類いの編み方で、
ほどきやすい上に、いろんな場合に使える
し、このやり方を使った工作では時間や手
間もそれほどかからない。お気に入りの編
み方だ。

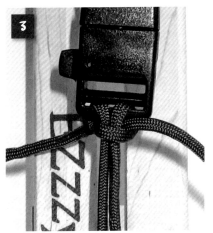

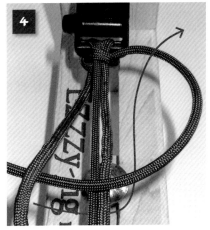

緑コードと紫コードそれぞれの端を反対方
向に引っぱって、結び目を締める

緑コードを本体に当てつつ、左端の紫コー
ドの下に入れた上で、今度は紫コードを
取って緑コードの裏に回して、本体の後ろ
を抜けて、右側の緑コードの輪に下から上
へと通す
そして緑コードと紫コードそれぞれの端を
引っぱって結び目を締める

※この時点で、ブレスレットメーカーの上で伸びて
いる本体がピンとはっているか要確認

作業台を使いながら、同じ手順を交互にど
んどんくり返していこう(つまり、緑コードを
取って本体に当てながら、右端の紫コード
の下に入れた上で、今度は紫コードを取っ
て緑コードの裏に回して、本体の後ろを抜
けて、左側の緑コードの輪に下から上へと
通す)

※この時点でだんだんと飽きてくるかと思うが、
いったん編み始めたら終わりはすぐだ

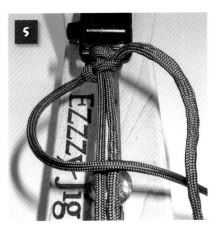

次ページに続く

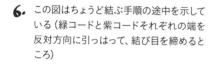

6. この図はちょうど結ぶ手順の途中を示している（緑コードと紫コードそれぞれの端を反対方向に引っぱって、結び目を締めるところ）

7. ちょうど平編みを始めた段階の図（このあと、もう片方のバックルに行き着くまで、左右交互にこれまでの手順を繰り返していく）

8. この手順のおしまいに、つなぎ部分を隠したい場合は、結び目をもう1つ増やしてもいい、ここまで来たら、台を180度回転させて、ブレスレットの上下を入れ替えよう

※筆者は結び目とバックルのあいだに多少のゆとりを持たせて、バックルを留める際に前後に動かせるほうが好みだ

9. V字がジグザグに交わっていればうまく編めている証拠なので、これまでと同じように、その上からさらに緑コードを本体に当てて平編みを重ねていこう

※再度の平編みの際には、下にある縦に並んだ紫コードの輪上部の間の凹みにちょうど緑コードが挟まるようにしていくといい

10. 最後まで編み終わったら、はみ出た端部分をカットした上で、焼き止めして本体内に押し込んでおこう

※初めのうちは平編みが編みにくく思えることがあるが、何回かやっているうちにだんだんと気持ちよくなってくることだろう

工作：
野外活動用ブレスレット

必要なもの

・6mのパラコード
・留め金具類
・ハサミまたはナイフ
・ライター
・6mの釣り糸
・釣り針
・麻ロープ
・小型の方位磁石

作業時間の目安

・30分

　この種の野外活動用ブレスレットでは装備を取り付けるので、作業台がブレスレット本体を固定してくれると実に助かる。このブレスレットメーカーでは、台がスライド式になっていて、ブレスレットのサイズに合わせて金具で固定するようになっている。側面には、ブレスレットの長さがわかる目盛りがついており、両端にはサイズの異なるプラ製バックルが2個ついているほか、そのあいだには何もついていない金属のフックがあり、そこにお好みのバックルを引っかけることも可能だ。本書で用いるバックルは、付属品とはサイズが違うので、この中央の空きを利用している。注意点としては、この空き部分を使うときには2組のバックルが必要になってくる。1組は作業台の固定用に、もう1組は編み込むコードを通すために用いる。

　個人的には二重平編みで編んでいくのがお気に入りで、特に作るのもほどくのも簡単な上に、たくさんのコードがまとまる点が好きだ。留め具についてはいろいろ種類があるけれども、軽くて外すのも簡単なクイックリリースのプラ製バックルをよく使っている。その次にカン金具も愛用している。確かに重量があって外すのもやや手間がかかるが、それでも、ブレスレットをほどいたあとでも他の用途に使えるところがとてもいい。次善の策として、留め具なしで、結び目と輪だけでブレスレットの留めを作ることもできるが、あまり趣味ではない。そして最後に紹介する留め具こそがこの工作で用いているもので、登山用ホ

イッスルとファイヤースターターの内蔵されたプラ製のバックルなのである。

1. まずは自分の手首のサイズを測ろう

※筆者の場合、手首のサイズは19cmだが、ブレスレットの太さ（厚さ）も考慮して、さらに＋3.8cmが必要だった

2. 長さ6mのパラコードを2つ折りにして中点を見つけた上で、その中点部分をプラ製バックルの穴に上から通してヒバリ結びを作り、そして揃えたコードの切り口側をもう1つのバックルの穴に上から通して引っぱる

※図では、手順がわかりやすいように2色のパラコードをつなぎ合わせてあるが、本格的な野外活動用ブレスレットの工作では最初から1本のコードを用いたほうがいい

次ページに続く

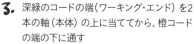

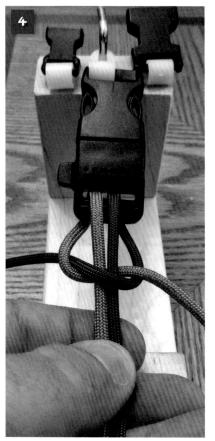

3. 深緑のコードの端（ワーキング・エンド）を2本の軸（本体）の上に当ててから、橙コードの端の下に通す

※作業台を用いて二重平編みを行う際には、奥から手前に向かって編んでいくのがふつう
※※本体とは、パラコードを編む込む中央の2本のコードのこと

4. 続いて、橙のコードの端を左側の緑コードの裏に回して、本体の後ろを抜けて、右側にある緑の輪に下から上へと通して出す

※この時点で、バックルのあいだに張られた2本のコードが多少ゆるんでいてもOK（締めるのはあとの手順でやる）

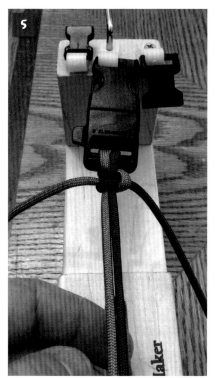

5. 橙コードと緑コードそれぞれを反対方向に引っぱって結び目を締めるが、ここできつく引きすぎないように（最初の結び目を寄せる前に本体部分を押し上げる必要があるので）

6. ブレスレット本体に一応のたるみがなくなったら、結び目をぎゅっと締めつつバックル近くまで押し上げよう

このあとは前の手順の繰り返しで、緑コードの端を本体の上に当ててから、橙コードの端の下に通す

橙のコードの端を緑コードの裏に回して、本体の後ろを抜けて、左側にある緑の輪に下から上へと通して出す

橙コードと緑コードそれぞれを反対方向に引っぱって、輪を閉じて結び目を締める

次ページに続く

7. 結び目がきつくなりすぎないようにしつつ、結び目を押し上げて前の結び目にぴったり寄せる

結び目ができるたびに手順の左右が逆になるが、やることは同じで、緑コードの端を本体の上に当ててから、橙コードの端の下に通す

橙のコードの端を緑コードの裏に回して、本体の後ろを抜けて、緑の輪に下から上へと通して出す

緑コードと橙コードそれぞれを反対方向に引っぱって、結び目を締める

8. ブレスレットのもう一方の端までここまでの手順をどんどん繰り返していくと、上図のようになる

※編んでいって本体中央をまたぐコードがV字に連なっているなら、うまく編めている証拠

9. このブレスレットを二重平編みにするにあたっては、いったんバックルを外して、ブレスレットを180度回転させて、上下を逆さにしないといけない（ふつうのパラコード・ブレスレットを野外活動用ブレスレットに仕上げる、ここが面白いところだ）

長さ6m分測った釣り糸を取り出して、片方の端に釣り針を取り付けてから、糸をぐるぐると巻いてテープでまとめよう

バックルのすぐ下にあるヒバリ結びのところに釣り針を刺した上で、ここから今までと同じく手前に向かって編んでいくわけだが、このときこの釣り糸をブレスレットの中央に据えて、釣り糸を隠すように巻き込みながら編み込みを進めていく

10. 釣り糸を巻き込みながら編んでいくのは、なかなか思い通りにいかないかもしれないが、時間をかけてやっていこう

※実際の緊急事態ではこの釣り糸が実に重宝するし、この面白いデザインの二重平結びのおかげで中身の釣り糸がしっかりと守られるのだ

次ページに続く

11. 野外活動用ブレスレットなので、仕上げは装備の取り付けだ——最後から2つ目の結び目に、クリップ式の小型方位磁針を留める（メインの方位磁針の予備として）

※編み終わったら、端をカットして焼き止めしよう（ブレスレットの中身に6mの釣り糸が隠れていることは、外からはほとんどわからない）

12. おまけとして、ひも通しを使って麻ロープ76cmを、ブレスレット表側にある橙コードの輪に通す

通した麻ロープの端と輪のところに止め結びを作っておく

そこからもう一方の端まで、全部の輪をたどってジグザグに通していって、最後の輪に通し終わったら麻ロープの端に再び止め結びを作る

※麻ロープは、火をおこす際の火口（ほくち）として使える安価で効果の高い代物で、筆者の工作でもよく組み込んでいる

※※麻ロープの取り付けは、ブレスレットの表側だけにしておこう（麻ロープが肌に擦れると痛いので）

　このブレスレットには、49mのコードのほか、登山用ホイッスルと火おこし用ファイヤースターター、さらに火口に使える麻ロープや方位磁針、釣り針つきの6mの釣り糸に至るまでが備わっている。まさに野外活動にうってつけのブレスレットだ！

工作：
犬用リード

必要なもの

・23mのパラコード
・お散歩用の鉄砲ナスカン
・ハサミまたはナイフ
・ライター

作業時間の目安

・2時間

野外活動を一緒に行うなら、絆の深い愛犬に勝る相棒はいない。いろんな人にこのリードを作ってあげたが、市販のものよりパラコードの質感がいいんだよね、という感想も多い。このリードは分解してつなげると、全長183mのコードにもなる。

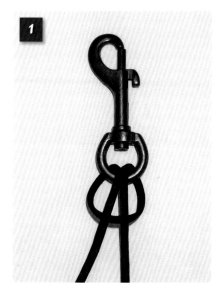

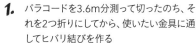

1. パラコードを3.6m分測って切ったのち、それを2つ折りにしてから、使いたい金具に通してヒバリ結びを作る

※個人的には、いわゆる「お散歩用」の鉄砲ナスカンを用いている

2. 残った約19mのパラコードも2つ折りにして中点を見つけたあと、リード本体（芯の2本）の真裏にその中点が来るように敷く

※今回は編みを見やすくするため、黒と緑のコードをつないだものを使う

次ページに続く

3. 左側のコードをリード本体の上に当てた上
で、そのまま右のコードの下に通す

4. 右側のコードを左コードの裏に回しつつ、
本体の後ろを抜けて、左側の輪に下から上
へと通して出す

5. コードを通しきって、結び目を締める

6. 手順の3と4を左右逆に繰り返す（つまり、
右側のコードをリード本体の上に当てた上
で左のコードの下に通し、左側のコードを
右コードの裏に回しつつ本体の後ろを抜け
て右側の輪に下から上へと通して出す）

7. コードを引っぱって結び目を締めたあと、再び手順3と4を繰り返す

※上図は結び目を締める前の状態

8. 何回も巻きつけていくと、上図のようなリードになる

9. 図の状態では、リードの本体は20cmほど残っているが、ここで手前と奥を入れ替えるように裏返す

※指がくたびれてきたら端に近づいている合図

次ページに続く

11. 内側にある2本の軸が編みの中央に収まる
ようにしつつ、10cmほど編んだら、その2
本の軸を上方向に折り返した上で、さらに
リードを上下逆さにして、手前向きに編み
を続ける

10. あらかじめ印をつけておいたところまで端
を折り返した上で、そこから手前に向けて、
二重平編みを作っていく

※印からリードの留め具までは1.2m

12. 輪になったリードの手前部分（つまり持ち
手の底あたり）まで編んだら、そこで作業
を終えて、あとは余ったコードの端をカット
してライターで焼き止めして仕上げよう

工作：
負いひも（スリング）

必要なもの

・21mのパラコード
・2.5cm（1インチ幅）×79cmのナイロン製ウェビング
・スリングスイベル2個またはお好みの金具（カラビナやDカンなど）
・バックル2個
・カッター類
・ライター
・ミシン（あると便利）

作業時間の目安

・2時間

金具

61cmの二重平編み

バックル

縫合部分

79cmのナイロン製ウェビング

バックル

金具

上から：お好みの金具、61cmの二重平編み、スライドバックル、79cmのナイロン製ウェビング（端の5cm分を重ねて縫いつけ）、スライドバックル、お好みの金具

　この種類の負いひもは、個人的にもお気に入りの工作で、かなり人気も高い。ミシンは必須ではないものの、工作の一部作業が楽になる（ただし自分は上達したいので多少の手縫いくらい望むところだ）。また、この工作では平編みも必要になる。

　まずは準備として、21m分のパラコードを2つ折りにしてから、お好みの金具（たとえばスリングスイベル）をコードの片側から通して、中点まで押し込んでおく。そしてスライドバックルを取って、パラコードの先端部分を穴の片方に通す。奥の金具とスライドバックルのあいだは61cm離しておこう（図では金具の位置がわかりやすいよう距離が近くなっている）。

　この工作デザインを気に入ったみなさんから、これを汎用の負いひもにできないかと聞かれたりするが、実は可能だ！　負いひもの両端にある金具を付け替えるだけでいい。今回の工作では金属製Dカンを用いるので、調節可能な汎用の負いひもとして使えるはずだ。ライフル用の負いひもにしたい場合は、Dカンの代わりに次ページ図1の右上にあるスリングスイベルをパラコードに通すといい。

次ページに続く

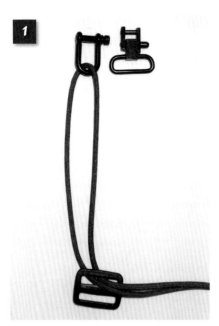

1. 金具 (左上：ネジ式Dカン、右上：スリング スイベル、下：プラ製バックル) の取付が終 わったらいよいよ編み込みの開始で、ここ からバックルとDカンのあいだ61cmを編ん でいく

2. 左側のコードを本体の上に当てつつ右コー ドの裏に通し、それから右側のコードを左 コードの裏に回しつつ本体の後ろを抜けさ せて、左の輪に下から上に通して出すと、図 3のようになる

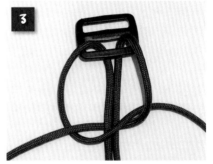

3. 左右のコードを引っぱって結び目を締めた あとは、2つ目の結び目も同じ手順を左右 逆で行う (つまり、右側のコードを本体の上 に当てつつ左コードの裏に通し、それから 左側のコードを右コードの裏に回しつつ本 体の後ろを抜けさせて、右の輪に下から上 に通して出す)

※このあとは結び目ごとに、手順を左右逆にしな がら交互に繰り返していく

4. 最初の結び目2つを結んだ状態が上図で、このまま61cm先まで編み続ける
編み終わったら今度は二重平編みで、工作全体を180度回転させてDカンが奥に来るようにしたあと、折り返して本体全体を上から一通り編んでいく

5. 上図は二重平編みを始めたところで、バックルのところまで編み終わったら、コードの端（ワーキング・エンド）をカットしてライターで焼き止めしよう
工作のパラコード部分が終了したので、次に調節ベルトの部分に移る
ナイロン製ウェビングの長さを測って約79cmにカットして、パラコードと同じようにライターで端を焼き止めしておこう

6. ナイロン製ウェビングの端を、パラコードが結ばれたバックルの反対側の穴に通した上で、その先を5cmほど出して折り返す

次ページに続く

7. 折り重なったナイロン製ウェビングを押さえつつ、重なった5cmの部分を縫っていく（個人的には普通のランニングステッチを採用しているが、ほかの縫い方でもいい）
ウェビングの逆側の端をもう1つのバックルの穴2つに通した上で、奥にスライドさせて、さらにその端をもう1つの金具（今回はスリングスイベル）に通す
そしてその端をそのバックルの裏に持ってきて、2つの穴に裏側から通す（バックルに通したウェビングは好みの長さに調節可能で、最短で81cm、最長で104cmとなる）

8. ウェビングを最後の金具（スリングスイベル）に通したあと、スライドバックルの下側にも必ず通した上でループ状にしておくのが大事だ

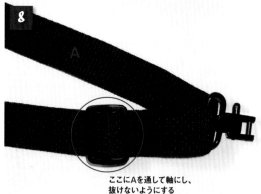

ここにAを通して軸にし、抜けないようにする

工作：
水筒ホルダー

　この工作のいいところは、水筒を外しても
ホルダー自体はほかのものを入れて使えるこ
とだ。それにこのホルダーには大量のコード
が含まれているので、さっとほどくだけで実
体では30.5m、分解してつなげると244m強に
なる。ホルダーそのものとしては断熱材にな
るとともに、ボトルを保護できる。くさり結び
（チェーン・シネット）のデザインが採用されて
いる。

必要なもの

・水筒
・33.5mのパラコード
・ハサミまたはナイフ
・手芸用かんし
（ピンセットペンチでも代用可能だが手芸
用かんしのほうがはるかに有用）
・ライター
・コードロック（使用は自由）

作業時間の目安

・2時間

1. 編み始めるボトル上部を1周させる分のパラ
コードをカットして（長さとしては1周の長さ
に10cmほどの余裕を持たせたくらいで問
題ない）、その両端をコードロックに通した
上で、ボトルに巻きつけよう（ロックが手元
にない場合はコードを止め結びしよう）

※なるべくコードを多めに携帯したいので、個人
的にはやや長めに作るのが好みだ

3　PREP 3PROJECTS　実際の準備

次ページに続く

93

2. 余った長いパラコードの端（ワーキング・エンド）を、ボトルに巻いたコードの首部分に止め結びをし、それをコードロックのそばに寄せよう（止め結びから2.5cmほど元を延ばしてコードロックに挟んで結び目がずれないようにしておこう）
作業側のコードの一部を、首巻きのコードに下から上へ、さらに上から下へと2回通して、上に輪、下にU字の部分を作る

3. 止め結びの下の小さな輪を残したまま、上のU字を首巻きコードの上から折り返す

※首巻きのパラコードに多少のゆとりができているか確認した上で、端がコードの裏にすんなりと入るようにしておこう（そのため作業し始めは首巻きコードがややすべりやすい）

4. 折り返した輪のなかに、上から端側のコードの一部を通し入れて、もう1つ輪を作る

※この際、止め結びがひっくり返らないよう要注意

5. 次に、折り返した輪の付け根にある、首巻きの裏から左下に出ている部分を引き下げてこの輪を締めていくと、今度は図のようなウサギ耳に似た輪が2つできるはずだ

※始めは手こずるかもしれないが、すぐにコツがつかめる

6. 右にある輪の上のコードを引っぱると、左の輪が締まって、これで結び目の出来上がりとなる

7. 手順1に戻って、同じ作業を繰り返す（つまり、輪を首巻きコードの裏から上に出す）

8. 輪を下に折り返して、首巻きコードに上に重ねる

次ページに続く

95

9. 折り返した輪のなかに、端側のコードの一部を通し入れる

10. 同じように、輪の付け根から左下に出ている輪を引き下げて、ウサギ耳の輪を2つ作ってから、右にある輪の上側のコードを引っぱって左の輪を締める

11. ここまでの手順を繰り返していくと、やがてくさり結びのデザインが出来上がる
首回りを1周して編み終わったら、いったんコードロックのところで手を止めて、ここからは手芸用かんしを活用していこう

※首回り1周目でややゆるめに隙間を作りながら進めると、あとで水筒を外してほかのモノを入れて持ち運ぶときにも、上部をすぼめられる（編み込みの過程では、寄せるだけにしておいて、きつく締めすぎないようにしておこう）

12. ここからは、作業対象となる輪の先端を、上列の下向きに出ている輪のあいだに通さないといけない（最初の1つ目は、止め結びのすぐ隣にある輪で、ここに手芸用かんしを差し込む）

13. 手芸用かんしの先を1つ目の輪に上から差し込んで、その先で輪の先端をつかんで引っぱり上げて、下向きの輪に下から上へと通して出す（そのあとは、引き出した輪を折り返して、端側のコードの一部を通し入れて締めていく）

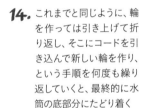

14. これまでと同じように、輪を作っては引き上げて折り返し、そこにコードを引き込んで新しい輪を作り、という手順を何度も繰り返していくと、最終的に水筒の底部分にたどり着く

※輪をきつく締めすぎると、差し込んだ手芸用かんしが開けずに、その先の輪がつかめなくなるので要注意

次ページに続く

15. 底までたどり着いたら、水筒の底の縁部分にコードを押しつけながら輪を作っていこう（そこから輪はどんどん内側に編まれて、底の中心に向かってらせんを描くように近づいていく）

※どこかの時点で、輪をすぐ上列の輪に入れづらくなるので、そのときは1つ飛ばしに通すようにするとやりやすくなる

16. そのらせんが底の中心まで来たらほぼ完成で、コードの端を最後の輪に通そう（あとは下からコードを引っぱってその輪を閉じるだけで、全部締まるという状態にしておく）

※必要ならここで、水筒の高さ分だけコードを残して端をカットしてしまってもいい

17. 編むことが終わって最後の輪だけ残った状態で、最終段階として水筒を取り出してからっぽにし、外側のホルダー部分だけにするパラコードの先端を底中央の穴に通して、余ったコードがホルダーの開口部から垂れ下がるように、最後まで押し込もう
そのあと、下に出てきたコードの先端をつかんで強く引っぱると、最後の輪と結び目が締まるとともに、ホルダー全体の裏表が反転して、底が平らになる（余ったコードはホルダーのなかに入れて、その上から水筒を据えればいい）

最上部から出ている輪は持ち手になるとともに、ボトルをつり下げる際の引っかけ部分にもなる。

また、この水筒ホルダーをほどいてコードにする場合は、まず中身の水筒を取り出してから、中に手を突っ込んで、底の結び目を押さえながら、編まれたコード全体の表裏をひっくり返そう。そして手順最後の結び目をほどいて、ゆるんだ端からコードを引っぱり始めると、これまで作ってきた輪が一気にほどけていく。必要な分だけ手に入ったら、コードを切った上で、これ以上ほどけないように端のところを輪の1つに結んでおくといい。

工作：
引きひもポーチ（巾着）

必要なもの

・ポーチ用素材、パラコードだけで
工作する場合は缶詰の空き容器など
・26mのパラコード
・ナイフ

作業時間の目安

・2時間

　小型ポーチを入れ物として携帯しておく
と、いろいろと役に立つ。この工作では、パラ
コードだけを材料にしてポーチ作りを行う（編
み方は水筒ホルダーと同じくさり結びを採
用する）。作りたいポーチのサイズがあるな
ら、それと似た寸法のものを見つけよう——水
筒のほか、缶詰や缶飲料の空き容器などが、
ポーチの型としてはちょうどいい。このポー
チはポケットに入れたりカバンの外側にぶら
下げたりもできる。

　引きひもポーチ（いわゆる巾着）と水筒ホル
ダーの違いとして大きいのが、1列目の編み方
だ。ポーチの口をきゅっと閉じられるように
するには、1列目の結び目同士の間隔をかなり
空けておかないといけない。作りたいポーチ
のサイズは人によりけりだから、1列目を編ん
でから中身をいったん外して、閉じ具合を確
かめてみる必要がある。図のポーチでは、よ
くある缶詰スープの容器に巻きつけたので、
26mの325パラコードを用いている。

1. 首回り（1列目）にある結び目の間隔とゆる
み具合に気をつけよう

2. 多少のパラコードと時間の余裕があれば、
便利な入れ物を自作できて、薪や焚き付け
を拾って集める袋にしたり、貴重品袋にし
たりできるわけだ

工作:
サルのこぶし（モンキー結び）

いわゆる「サルのこぶし（モンキーフィスト）」とは、コードやロープを結んで球の形状にする「モンキー結び」のことだ。モンキー結びの面白いところは、投げて使えるように、コードの端部分に重りを入れる点だ（個人的には直径2.5cmのスチール製ボールベアリングの周りにぐるぐるとモンキー結びをするのが好み）。このいい重りのおかげで、コードの先を木の枝に投げたり、ボートから岸に投げたりしても、うまく放物線を描いてくれるわけだ。

必要なもの

・3mのパラコード
・直径2.5cmのスチール製ボールベアリング
・ハサミまたはナイフ
・ライター
・モンキー結び用の工作台

作業時間の目安

・30分

1. パラコードを3m分カットした上で、作業しやすいように両端を焼き止めしておく

コードの端の片方に、先端から61cmの位置で止め結びを作る（愛用の作業台にはコードを引っかけられる溝があるので、ここに止め結びをかけるとコードを巻きつけているあいだにほどけたりしなくなる）

作業台から出ている4本の柱に外からぐるぐると5周巻きつけて、6周目は手前2本にだけ引っかけて、1周して右側で止める（ここから横巻きが始まる）

この6周目が終わってから、ボールベアリングを中央に入れる

2. 横巻きは反時計回りに進めるもので、手前2本の柱にぐるっと引っかけたコードを1周目の裏側（下）に通して、そのまま左に引き出して上を通って右に戻れば、これで1巻きだ同じことを手前から奥に向かって5回繰り返し、最後の1巻きが左上の柱の内側に収まるようにする

※このときの横巻きが、ボールベアリングの落下をうまく防いでくれる

3. 次は、内側で最後の巻きつけを行うために、まず左上の柱のところにあるパラコードの端（ワーキング・エンド）を取って、中央上の穴に表から裏へと入れ、裏側にある横巻きのコードの下を通しつつ、中央下の穴に先が出てきたらそれを表へと引き出そう（この表裏の巻きつけを5周回すこと）

※作業台へきつく巻きつけすぎず、寄せはするけれどもあとあと作業できるように、多少揺れるゆとりがあるくらいに回していくといい

次ページに続く

4. さて、モンキー結びを作業台から慎重に引き抜こう

まずは指を台と結びのあいだに差し込み、結びをすくいあげるような手つきで、形が崩れないように柱からずらしつつ抜き出せば、ざっくりとしたモンキー結びが現れてくる（あわてずに——仕上げはこれからだ）

中身の周囲にあるたわんだところを引き締めないといけないので、手始めに手の上でモンキー結びを転がし、止め結びのついたコードが表側から左向きに出る状態にする（この状態がいわゆる「スタート配置」になる）

このコードを引っぱって、巻き始めのあたりをちょっとだけ引き締めてみよう（そうすると、右上のコードが一緒にちょっとだけ引っ込むのがわかるはずだ）

全体を引き締めるためには、こんなふうにあちこちを左右に引いたり押したりしながら、進めていかないといけないし、巻かれたコードの先を追いかけていくには、正しい向きに全体を回さないといけないこともある

モンキー結びのなかにある不要なたわみを引いたり押したりしながら、コードの端まで送って外に出してやると、止め結びつきのコードが少しずつ長くなっていく

このたわんだ部分をコードの巻きに沿って外に送り出す作業を必要なだけ繰り返すと、中身（ボールベアリング）にコードが密着するようになる

※コツとしては、時間をかけて全6面のバランスが崩れないように作業することと、回しながらちょっとずつ送っていくこと（筆者の場合は全6面を8周したりする）

スタート配置は左側に結び目が来ている

5. モンキー結びの形状が整ってくると、図のようになる

 パラコードまめ知識：じっくりと

出来のいいモンキー結びの秘訣は、じっくりと時間をかけつつ、全6面のバランスをできるだけ丁寧に揃えて作り上げることだ。球に仕上げていくときに、どこかの面でバランスが崩れていると、中身がポロっと落ちてしまったりする。

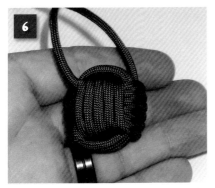

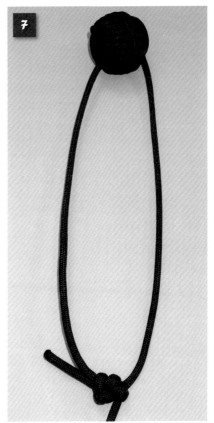

6. 最後の1周を過剰にきつく締めると、周りを包んでいるコードが引っぱられすぎて中身が見えてしまうので気をつけよう

※この図ののち、さらに2周してたるみを外に送り出して整形している

8. そしてカットした余りのコードで、輪にしたところの上から二重平編みをしていこうモンキー結びをロープ先の重りとして使うためには、このように取っ手の一部を二重編みにした上で、突き出た輪の部分に長いロープやコードを結ぼう

※投げたときに輪の面積が広いと、そこが別のものに引っかかったりするので、あえて平編みをして輪を小さくするわけだが、輪そのものがないとロープをさっと取り付けられないから、両方必要なのだ

7. ここからモンキー結びの取っ手を作るにあたって、まずは出ている2本のコードを取って30cmの長さにカットし、両端を焼き止めしたあとで、二重テグス結びで結べば、輪の形状になる

工作:
十徳ナイフ用ポーチ

パラコードからは幅広い用途のポーチが作れる。今回のポーチはやや変わり種で、特定の道具専用だ。いわゆる十徳ナイフ(マルチツール)用のこのポーチは、てっぺん部分がふたのように折り返せるようになっていて、筆者愛用のビクトリノックス・スイスチャンプも収納できる。リストにあるパラコードの必要量は、あくまでこのビクトリノックス・スイスチャンプの場合のもので、サイズの大小が変わるなら、手順1で説明された方法で、使うパラコードの長さを調整する必要がある。

必要なもの

・プラ製コードロック
・パラコード用編み針
(パラコードニードル)
・パラコード
(長さ61cm、3.3m、1.2m、1.2m)
・ハサミ
・ライター
・手芸用かんし
(完成品を整える際にあると便利)

作業時間の目安

・2時間

1. 手始めにポーチの寸法を測るために、1本のパラコードを道具の外周にぐるっと回して、折り返して2周するかたちにしよう
そのあと、折ってU字になったところを止め結びにして、小さな輪を作る(この輪は完成品では折り返しのふたを固定する部分なので、それができるサイズにしておくこと)

※このナイフの場合、外周は約30cm

2. 右上に伸びた先の部分を、ナイフから
2.5cm離れたあたりでカットする

※外周に回したコードはぴったり沿わせなくても
問題なく、むしろ多少ゆとりがあるくらいでいい

3. 3.3mのパラコードを使って、2本の外周
コードに平編みをしていき、終点まで来た
ら、編み込んだ黒コードの端をカットして、
ライターを使って編み込み本体ギリギリの
ところで焼き止めする(平編の先には、約
2.5cmの緑コードがしっぽのように出てい
るはず)

※この手順が終わったら、外枠の本体部分が図3
のようになる

4. 出来上がった外枠をナイフの外周に回し
て、寸法を再確認する
ここからはパラコード用の編み針を使って、
ポーチ表面の格子を編んでいくわけだが、
あらかじめカットしておいた長さ1.2mを編
み針に挿し込んでおこう

※図では、出来上がった外枠が想定サイズよりも
多少大きいが、小さすぎるよりこのほうがいい
※※編み針に通すコードが1.2mなのはやや長め
だが、コードは足りないより余るくらいがいい

5. 外枠でナイフの両脇を挟み込みつつ、たた
んだナイフの頂部あたりにある平編みの横
穴から針を通して、そのままナイフをまたい
で反対側の外枠まで持ってくる
そして左の輪の真向かいにある右の横穴
に針を通す(コードの大半を通してしまって
構わないが、あとあとの手順のため最初の
穴から約10cmは横に垂らしておこう)

※図のように挟んで持つと、輪がびんと立って横
穴として通しやすくなる

6. 横穴の輪に1つずつコードを通して、手前
に向かってポーチを編み進めていく(ま
だきつく締めなくていいので、ゆるめに
編んでいこう)

※この作業中、ずっとナイフを中に入れたままで
なくとも構わないが、向きや形状をちゃんと保つ
のに便利ではある(とりわけ底のほうまで来たと
き、なるべく押さえるようにしておくと、外枠の底
部分がきれいな平らになる)

7. 底まで来たら、横穴に針を通すのは変わりないが、横方向にまたぐのではなく、今度は縦方向に編んでいく

図のように、横糸に対して上・下・上・下の順で針を通して、いちばん上まで来たら、編みを逆順にして底面まで戻っていく

※この時点で、中身を取り出すと編みやすくなるが、たびたび中身を戻してきっちり寸法を確認するように

※※並んだ横糸が重なって邪魔にならないよう、編み針の先でコードを整えておくといい

8. 底側の最後の輪を通すまで、縦方向の編み込みを上下に続けていって、最後の輪のところは上部と同じように、コードの先を約10cmはみ出させておこうそのあとはポーチを裏返して、反対側も手順5〜8を繰り返す

※まだ編みがきれいになっていなくても、工作の最後に取り組むので問題はない

次ページに続く

9. 外枠を押さえながら、手芸用かんしでコード全体を引き締めていこう（手芸用かんしがない場合は、編み針の先で代用可能だ）

どのコードもまっすぐに揃ったら、外に出ている余ったコードをカットして、端を外枠本体に焼き止めしよう

※外枠がきつく締まってしまうとナイフが入らなくなるので、ポーチに入れたまま、コードを強く引っぱりすぎず、線が縦横にまっすぐになるくらいに整えるとよい（この編み目の調整をやりやすくするために、外枠から約10cm、コードの先を垂らしておいたわけだ）

10. いよいよ仕上げのプラ製コードロックの取り付けだ——ふた部分を折り返して、本体から飛び出したしっぽ部分を先の輪に通してから、ふた固定用のプラ製コードロックをしっぽ部分に通してぎゅっと締めよう

※カラビナやキーリングなどポーチに追加で取り付けられる金具はいろいろあるし、アレンジするならベルトループを外枠部分に編み込んでもいい

11. 完成！（想定以上の隙間が上部に出来ているが、ポーチはナイフにぴったりフィットしているので、勝手に抜け落ちたりはしないはずだ）

 パラコードまめ知識：コードの色

コードの色は慎重に選ぼう。ポーチを落とした場合でも、色によっては自然環境でもよく目立つので、見失うことがなくなる。

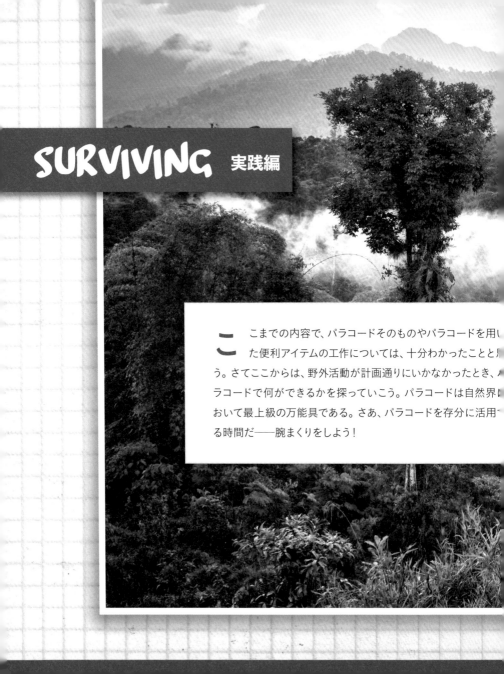

SURVIVING 実践編

　　こまでの内容で、パラコードそのものやパラコードを用い
　　た便利アイテムの工作については、十分わかったことと思
う。さてここからは、野外活動が計画通りにいかなかったとき、パ
ラコードで何ができるかを探っていこう。パラコードは自然界に
おいて最上級の万能具である。さあ、パラコードを存分に活用す
る時間だ──腕まくりをしよう！

4 釣りと狩り

い わゆる「3の法則」(19ページ 参照) によると、人間が食 事なしで生存できるのは3週間ほど とのことだ。常時ちゃんと食べもの を摂っている状態なら、頭痛や疲労 感あるいは集中力の欠如など、カロ リー不足の諸症状に陥り始めたとき

にも、たいていは即応できる。ところがひどい空腹になると、生存に欠かせないあれこれ をするのも難しくなってくる。そんなときにパラコードがあれば、原始的な釣りや狩りがで きるから、何とか食べものを手に入れる助けになる。

釣りは狩りほどエネルギーを消費しないので、何とか食料を確保したいときにもってつけだ。その地域にどんな生物がいるか次第ではあるが、釣り自体まあまあ安全な食料調達法でもある。釣り糸と釣り針を水に投げ込むだけだから、狩りみたいに獲物から襲われる危険もない。

魚がすぐそこにいるのに、エサに食いつきもせずこっちに近寄りもしないのを目の前にすると、心が乱れて当然だ。その状況に飲み込まれないよう努力しつつ、いやご先祖様もこうして生きてきたのだからと、できるだけ自分の心を落ち着かせよう。現代人はある種の生活様式に慣れきっているわけだが、それでも野生においては何でもすぐ反応があるものではないと心得ないといけない。結果を待つことにも大きな満足がある。

もともとパラコードはすべりやすく、結び方によっては最善のグリップが得られないこともある。一方で耐水性はあるので、釣りに用いる際にはしっかりと結び方を意識しよう。

パラコードを使った狩りもあるといえばあるが、どんな獲物を捕まえて食べるにせよ、ちゃんと手に負える範囲にあるか確認は忘れずに。

工作:

釣り針なしの釣り

必要なもの

・パラコードの芯
・エサ

作業時間の目安

・数分（ちょっと止め結びするだけ）

よほどの緊急事態以外は、野生の魚に手を付けないように

サバイバル状況下で釣り針もない事態に陥ったら、撚り糸の先にエサを結んだ上で、そのエサから2.5cmほど離れたところに止め結びを何個か作ってみよう。糸をぐいっと引くのではなく、そっと糸が張るようにしてやると、うまくいけば魚がエサと糸を飲み込んで、止め結びの部分が魚のなかで引っかかる。ただし、これは魚にやさしくない釣り方なので、緊急事態以外は絶対禁止である。

1. パラコードを分解して、中身の撚り糸1本を引き抜こう（この糸が細いほど、食いつける魚のサイズ面で選択肢が広がる）

2. エサを糸の先にくくらないといけないが、糸そのものでエサがちぎれてもダメなので、縛り具合はエサと糸がちゃんと食い込むほどほどのキツさでなければならない（繊細な手つきと根気が必要）

※エサは、ミミズや虫、ベリー類がオススメ。

 パラコードまめ知識：パラコードの芯だけで

パラコードをそのまま釣りに使うとなると太すぎる。中身の芯（撚り糸）1本であれば、（幸運にも既製品が手元にあるなら）だいたいの釣り針にも通せる細さになるし、ほとんどの魚（3.6kg以上のもの含む）を巻き上げられる強度もある。

工作:
釣り竿なしの釣り

必要なもの

・パラコードの芯
・釣り針
・エサ（あると嬉しい）
・糸を巻きつけるモノ：石、木の棒、水筒
など

作業時間の目安

・5分

釣り竿はあったら便利な一方、長い木の棒はサバイバル状況下で持ち歩くにはちょっとかさばりすぎる。持ち運びもしやすい小型の間に合わせ釣り具であれば、自作も簡単で労力も少なくて済む。長いパラコードの芯を巻きつけられそうな小さなものなら何でもいい（石でも水筒でも木の枝でも）。ここでは、枝を細く削って使う。木材であれば、釣り針の先は木に押し当てるだけで固定できるので、工作にあたって便利だ。

1. パラコードの芯（撚り糸）をモノに固定しよう（軽く数度、止め結びするだけでいい）

2. 伸びた糸をモノにぐるぐる巻きにしてから（この部分がリール代わりになる）、糸の先端に釣り針を通して、必要なら重り（小石でも可）もつける

※釣る対象次第だが、使う糸の長さは4.5〜6mくらい

3. 釣りをするときに、糸の固定部分をしっかり押さえつつ、水中に投げ入れてもよさそうな分だけ巻いた糸をほどいて使う

※巻き取るときには、再びモノにぐるぐると巻きつけていく

4. 使い終わったあとは、釣り針もろとも糸でぐるぐる巻きにする

※この小型の釣り具であれば、カバンやポケットにもすっきり収納可能

工作:
釣り針

必要なもの

・フックにできそうな素材
・パラコードの芯
・ナイフ

作業時間の目安

・30分

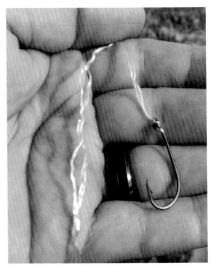

図のような既製品の釣り針がない場合も、その場で自作可能だ

既製品の釣り針が手元にあればバッチリだが、その場で自作した釣り針でも魚は釣れる。釣り針の素材に適したものはトゲのほか木材や骨がある。本書では、枝2本を素材にした簡易釣り針の作り方を掲載する。2つの部品でフックを作るのがコツだが、別にそれぞれ違う素材同士でも構わない。木の枝を軸部分にして、植物の大きなトゲをフック部分に使ってもいい。

図ではかなり大きめのフックになっているが、あくまで各部を見やすくするためだ。(いつか大物を釣るときのために、この釣り針はとっておこうと思う)。

パラコードまめ知識: エサがなくてもあきらめないで

もちろん釣り針の先に何かエサがついていたほうが、魚の食いつく確率はずっと高くなる。とはいえ、エサなしの針でも魚は釣れる。時間がかかるし、運も必要だが、あきらめてはダメだ。とにかく釣り針を水中に投げ入れてみないことには、どうなるかわからないだろ?

1. 木の枝2本を削って適切な形状とサイズにする（それぞれ片側を斜めにしておくと、合わせたときにフックの形状になる）

2. 釣り糸をフックに固定できるよう、軸の上部に小さく切り込みを入れる

3. そのあと、フック側の木片の端に糸を結ぶ

※このとき、止め結びを2回ほどしておくと、木片2つをぐるぐる巻きでくっつけているあいだにも、ずれたりせずにすむ

パラコードまめ知識：拾ったモノを釣り針に

別に釣り針の素材を、自然にあるモノに限る必要はない。野外でゴミを見つけることは別にめずらしいことでもないし、ちょっと頭をひねれば、そういうものからもフックが作れるのだ。

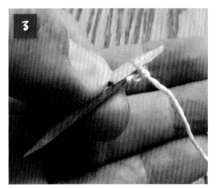

次ページに続く

4. 木片の傾斜部分を合わせて（傾斜部分以外のところがくっついても問題ない）、2枚をまとめるため、まずは軸とフックをまとめてひと巻きしてから軸部分だけひと巻きする

※このとき、2枚のあいだに糸が入ってしまうと、ナイロン素材のせいですべってしまって、木片同士がずれてしまうので要注意（図は失敗例）

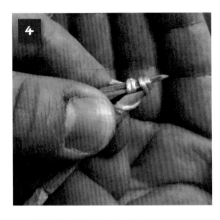

5. この手順を何度も繰り返してぐるぐる巻きにし、部品がしっかり固定されていることを確かめたら、そこで今までの横巻きをやめて、最後に真ん中で縦巻きをきつくぐるぐるして終了（こうすると、横巻きがぐっと締まって、部品2つが堅くくっつき、バラバラになるのも防げる）

※ひと巻きひと巻きをしっかりきつく巻かないと部品が固定されないので、作業を進めながら2つの部品がしっかりくっついているか、そのたびに確認すること

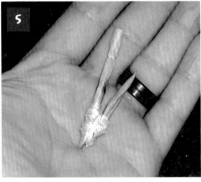

図のフックは、見た目はちょっと頼りないけれども、ちゃんと魚が釣れる

 **パラコードまめ知識：
釣り針作りを楽しもう**

自然にあるモノを使った釣り針の工作知識は、確かに大事なスキルである一方で、筆者にとってはこの釣り針作りがリラックスの一環で、やりがいのあることでもある。1日の終わりに自宅で、またはキャンプの焚き火のそばで、釣り針を彫ってもいい。万一に備えつつくつろぐ――最高じゃないか！

工作：
パラコード製ルアー

必要なもの

・パラコード
・釣り針
・ハサミまたはナイフ
・ライター（あると便利）

作業時間の目安

・30分

　生き餌がいちばんいいけれども、その場ではなかなか見つからなかったりする。緊急事態なのに、わざわざそんなものを探したり集めたりするなんて、労力や時間がもったいないと思えたりもする。さいわい、パラコードでも簡単にルアーが自作できるのだ。とりわけ大型の魚にはルアーがうってつけで、あとはねらう魚の種類次第でサイズの大小を調整するといい。

1. 今回パラコードの切れ端で作るのはバス釣り用のトカゲ型ルアーで、まずは胴体になりそうなコードを選んでから、止め結びを軽く何回か作って、頭みたいなかたちにする（ここが重り代わりになる）
次に、短いコードを取って、その中央部分を胴体と止め結びにした上で、両端も止め結びをし、その先をカットすれば前足はこれで完成

※この両足の先は多少ほつれていたほうが、水中でのルアーの動きがよくなる

2. それから、約30cmのパラコードで平編みをして、トカゲの胴体を肉付けしていく
30cmのコードを2つ折りにして見つけた中点を、本体となる橙コードの裏に据えた上で、緑コードの右側を橙コードの上に回しつつ、緑コード左側の下に通す
さらに、左側のコードを中央の橙コードの裏に回して、右にできた緑コードの輪に下から上へと通したあと、左右の緑コードをそれぞれ反対向きに引っぱって、結び目を締める

次ページに続く

3. 手順2の左右を逆にしつつ、平編みを続ける（つまり、緑コードの左側を橙コードの上に当てつつ緑コード右側の下に通した上で、右側のコードを中央の橙コードの裏に回して左の緑コードの輪に下から上へと通したあと、左右の緑コードをそれぞれ反対向きに引っぱって結び目を締める）
ここまでの手順を交互に5〜6回ほど繰り返して、好みの大きさにしていく

4. ルアーの仕上げとして、左右に出た緑コードに軽く止め結びを2回作ってから、多少の端を残しつつ余分な部分をカットすれば、胴体と後ろ足がこれで完成
あとは尻尾について、橙コードを2.5cmほど残して先を止め結びにすれば、このルアーはもういつでも泳げるってわけだ

 パラコードまめ知識：においを消すこと

パラコード（特に新品のもの）には独特のにおいがある。そのせいで魚が食いつかなかったりもするので、工作したルアーは土にこすりつけたり魚の内臓をなすりつけたりして、におい消しをするといい。

工作：
筌（うけ）

必要なもの

- 木の枝や棒
- パラコード

作業時間の目安

- 1時間半

　サバイバル状況下で空腹なら、焚き火であぶる魚はとりあえず何でもいいはずだ。とにかく魚を捕まえるこの筌（うけ）は、2つのパーツからできている。外側のかご部分はこの仕掛け全体の骨組みでもあって、魚を取り込む囲いとなる。むしろ大事なのが開口部の仕掛けのほうで、入り口は大きいのに、ワナ内部ですぼまってボトルネック状になるので、魚は中には入れても外に出にくくなるという寸法だ。

1. しなやかな枝を折らずに、ちょっとずつ向きを曲げていって繊維をほぐしながら、円のかたちに整えていって、端同士を結んで固定する

※開口部は円形に整えたいので、しなやかな枝や若木が適している

2. ワナの縦の骨組みとなる長い枝を何本かカットした上で、その枝の端の片方を円形の開口部に結んでいく（強度の維持のため、結ぶのは円の外側にする）

※魚が隙間から逃げてしまってはいけないので、枝は十分な本数を確保しよう

次ページに続く

3. 周囲に結びつけた枝の端を、開口部と反対側では1点に集まるようにぎゅっと束ねて、パラコードを使って止め結びの要領で結んで、先端を閉じる（これでかご部分は完成）

4. ここからは魚を閉じ込める仕掛けを作るために、数本の木の棒を用意し、1つずつその先端を槍のように尖らせた上で、開口部の内周に沿って尖端が内向きになるよう結んでいく（こうすると、ワナとして機能するわけだ）

5. 最後に、流れのある河川にこの仕掛けを設置するわけだが、置く場所は、くさびや重しなどでしっかりと固定できるところを選ぼう

※設置の際、開口部の両側に石でV字側の小さな壁を作っておくと、その石がワナへの誘導になるし、ワナへの水量も増やせて、魚を吸い込むような効果がある。
※※仕掛けから獲物を取り出すときには、内向きの尖った棒をちょっと押さえ込んで口を開けてやらないといけないこともある

 パラコードまめ知識：流されないように

魚用のワナ作りには時間も手間もかかって、最後に食料が手に入ればいいが、仕掛け自体が流されてしまうと全部台無しになる。水の流れに乗ってしまったときのために、ワナの端をどこかにくくりつけておく、この一手間が大事なのだ。

工作：
延縄（はえなわ）

必要なもの

・パラコード
・パラコードの芯
・フック（または釣り針）数個
・ナイフ

作業時間の目安

・30分

釣り糸を垂らしておく仕掛けが作れたなら、同じように、何かほかのことをやっている最中でも放置したまま魚が捕まえられる。そのとき、フック（釣り針）のすぐ上に小石を結べば重りにもなる。

パラコードが長いほど、つり下げるフックは増やせるし、そうなると釣果の期待も高まる。川の両岸に作る予定の固定地点2ヶ所のあいだの水面をまたげるように、そのぶんのパラコードの長さを測った上で、中身の芯を全部抜き出そう。その芯を約1mずつにカットして、細切れの芯1つ1つにフックを結びつけたあと、それを外側だけになったパラコードにくくりつけていく。フックとフックのあいだも約1mずつ離しておこう。フックにエサをつけたら、あとはこの延縄（はえなわ）を設置するだけだ。設置方法には2種類ある（右表参照）。

設置方法①：水面と水平に張った上で、その両端を何かで固定する。

設置方法②：パラコードの端の片方に重り（石など）をつけた上で、水中に投げ入れる。この延縄（はえなわ）全体が川に引き込まれないよう、反対側の端を自分でしっかり持っておこう。そのあと、手にしているほうの端を木や岩などに固定する。このやり方なら設置も簡単で、エサを付けるパラコードの芯の長さを変えれば、いろんな魚が釣れたりする。

工作：
網(あみ)

　いわゆる漁網は、水中をさらって魚を捕まえるのが第一の用途だが、竿で釣った魚を水中からすくい上げるのにも使える。この網は、魚以外の生き物を捕まえてもいいし、何かモノを運ぶメッシュの袋にしてもいい。手間暇かけて高品質の網を作ってしまえば、その便利さがわかるとともに、もうそれなしではやっていけなくなるかもしれない。

必要なもの

- ・約67mのパラコード
- ・ナイフ
- ・ライター

作業時間の目安

- ・2時間半(このサイズの網の場合)

1. まずは、どのくらいのサイズで網を作るか決める

　※今回の工作は約1.5m四方の網で、これは持ち運びにくいサイズでもなく、さまざまな用途に使えるだけの大きさはある

2. パラコードを長さ1.5mにカットして、作業台(地面)へ横向きに置く

　※工作時に立ちたい場合は、このコード(「上辺」と呼ぶ)を壁や木に貼りつけてもいい

3. 網の本体部分の工作準備として、網の本体となる各部の長さを測ってからカットする(偶数個必要で、今回は14本用いる)

　※各部は2つ折りした4.5mのパラコードだが、結び目を作るたびにどんどん短くなるので、寸法を計算するときにはその点も考慮しておくこと

4. 各部のカットが終わったら次は上辺へ結びつける手順で、まず4.5mの各部コードを2つ折りにしてから、そのU字部分を上辺に止め結びでくくりつける

　※両端の固定では、図のようにコード3本をまとめて止め結びする

5

5. 網目を作るには、まず上辺へヒバリ結びを
する必要があるので、コードを上辺の裏へ
と折り返して輪を作った上で、端（ワーキン
グ・エンド側）の2本をその輪に通してから
閉じて締める

同じように各部用のコードをヒバリ結びで
上辺にくくりつけて、全部結び終わったら
上辺のコード上ですべらせて等間隔に並べ
る

※黒コードを垂らした状態のヒバリ結びは図の通り

6. 網目を作るときには中央から外へと向かう
ので、まずは中点を見つけた上で、その左
側の右コードと、右側の左コードをつかん
で引っぱり、止め結びを作る

そのままどんどん隣に移って、同じように
左側の右コードと右側の左コードで止め結
びを作っていくが、このとき同じ列の止め
結びはしっかり真横に並ぶように頑張ろう

※個人的には中央から左に進むことが多いが、右
向きに進んでもいいし、とにかく次の列に進む前
に横一列を終えてしまったほうがいい（両端につ
いたときに端のコードをその時点で結ぶか次列に
進んだときに結ぶかは好みだが、着いた時点で結
ぶと次列の位置がわかりやすいので、筆者はそう
している）

6

次ページに続く

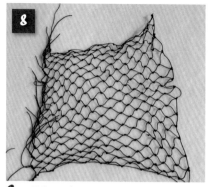

7. 中央から端まで結び終わったら、また中央に戻って反対側の端まで結び続けていく（次列に移る前に、列全体を結び終えよう）1列結び終わったら、網目となるひし形の上半分が見えてくるので（見えてこない場合は失敗なのでやり直すこと）、これを列ごとに続けていけば、ひし形の網目が出来上がっていく

※結び目はしっかり結ぶべきだが、コードがきつく引っぱられすぎると、網の側面までが引き寄せられて、網全体の幅まで狭くなってしまう

8. 最後に、底辺となる1.5mのコードをもう1本カットして、いちばん下の結び目に沿って並べたあと、結び目の下に余っているコードを底辺コードに止め結びで1列分どんどんくくりつけていく（見た目をきれいにしたい場合は、はみ出た部分などをカットしてからライターで焼き止めしよう）

※図の仕上がりは、実は急いでやったために、あらかじめ計算した寸法通りではなく、左右のバランスが崩れてしまっているのだが、網自体はちゃんと使えるはずだ

 パラコードまめ知識：小魚の場合は

結び目の数を増やして間隔も狭くするほど、網目は小さくなる。もちろん必要なコードも長くなるので、あらかじめ計算して取り組もう。とはいえ、網を使ってみた上で、網目が大きすぎて魚が抜けてしまっていると気づいたなら、あとから追加のコードで網目のなかにさらに編み込んで隙間を小さくすることも可能だ。

工作:
釣り竿

必要なもの

・竿になる棒状のもの
・パラコード
・釣り針

作業時間の目安

・20分

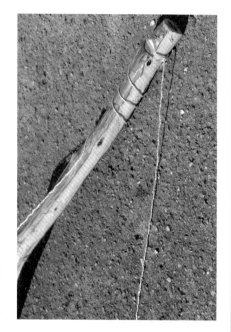

パラコードがあれば延縄（はえなわ）が作れるし、さらにちゃんとした棒状のものと6mほどの芯があれば、まともな釣り竿もできる。コードの芯は釣り糸の代わりにちょうどいいし、釣り糸としてもかなり丈夫なたぐいのものと言える。竿については、せめて自分の背丈ほどの長さの枝が見つかるといい。直径が約1.5cm、先細りになっていないものがベストだ。枝が細いほど、魚がかかったときに折れやすくなる。

パラコードまめ知識：
使う木材は適切なものを

魚の重みで竿が折れてしまわないように、用いる枝や棒にはしなやかに曲がるものか、乾燥して強度の高いものをしっかり選ぼう。緊急事態なのだから、食事のチャンスは絶対に逃さないように。

1. パラコードの芯を棒状のものに巻きつけて、手元側の端で結んでおく

※糸を全部ぐるぐる巻きにする必要はなく、8〜10回巻き付ければ他の部分も大丈夫

2. 竿の先でも、芯をゆるく巻いて輪をいくつか作った上で、残りの糸を輪に通そう

※竿の先が折れても、竿を長さのぶんだけ巻きつけてあるので、糸が完全になくなったりはしない

工作：
銛（もり）

必要なもの

・約1.5mの枝1本
・小さめの木片3本
・パラコード
・ナイフ

作業時間の目安

・25分

銛は釣り具として効果抜群だが、工作にも使用にも忍耐力が必要だ。銛の切っ先を複数にすると、魚に当てやすく押さえやすくもなる。3本の木片をナイフで削って、先を尖らせた杭のようなものを作ろう。手間暇かけて作ったこの切っ先が、銛に刺された魚をぐっと押さえ込むのだ。

1. いちばん左にある銛の軸部分のほか、中央の切っ先2本、右にある押さえ込み用の杭1本がすべて出来上がったら、ここから軸の周りに等間隔で据えた上で、コードの芯で結びつけていくことになる

※銛の切っ先が出来上がったら、これ単体でも使える

2. 切っ先を固定しやすくするため、まずは棒の下部分に結び目を作ってから、軸部分と一緒に数回巻きつけていき、さらに2本目も添えて巻きつけたあと、どちらもぶれなくなったら最後の杭も加えてぐるぐる巻きにしていく

3. 中身を抜いたパラコードの外側を使って、切っ先の根元を保護するように巻きつければ完成

※あとで拾いやすい浅瀬以外で用いる場合は、投げたあとに回収できるように、柄の端部分に長めのパラコードを結んでおくといいだろう

パラコードまめ知識：見た目よりも下をねらえ

光は水で屈折するので、水中に見えるものは、こちらで思う場所とはちがうところに実はある。プールの水面から上半身を出して立っている誰かを見て、このことに気づいた人もいるだろう。その下半身と水上に出ている部分はまっすぐ一直線には見えない。その効果を踏まえると、水中の魚はこちらが思うよりももっと低い位置にいる。銛を投げるときには、魚が見えるところよりもやや下をねらおう。

工作:
簡易投石器

必要なもの

・0.9〜1.2mのパラコード2本
・革や布など石袋の材料となるもの

作業時間の目安

・10分

この道具は作るのがかなり容易なので、使うのも簡単に思えてしまう。ところが、上手に利用するにはそれなりの練習と忍耐力を要する。この道具を工作した子どものころの筆者は、やがて使いこなせるようになって窓ガラスを何枚か割ったあげく、お尻ぺんぺんされてからというもの、大人になるまでこの頼りになる投石器に触れることがかなわずじまいだった。投石器の工作スキルは習得して重宝するもので、たとえば鳥のほかウサギやリスなどの小動物を気絶させたり、木から何か食べものを撃ち落としたりと、武器としての効果も抜群なのだ。また弾となる石はどこにでもあるから、弾薬は実質無限だ！　石なら何でも使えるが、つるっと丸みのある石ほど飛距離が伸びる。

投石器を使い始めた最初のころは、失敗続きだった。何のコツもわからないから、投石器を頭上でぶん回して石を飛ばしていたのだ。そのせいで、ねらいも定まらず、自動車にぶち当てるわ、母の巣箱を壊すわ、窓ガラスを割るわという始末だった。初心者のうちは、石が石袋から飛び出さない速度に留めつつ、

1. 石袋の素材の両側に1つずつ、つまり2つの穴（またはスリット）を作った上で、そこにコードを通したあと、くくって結び目を作る

2. コードの端の片方に小さな輪を作る

3. 使うときは、片手でコードの端を押さえながら石を中央の石袋に置いたあと、その片手の指を輪にかけた上で、投石器を素早く円を描くように振りながら、伸びたコードの端から手を離そう(そうすると石が飛び出して、目標へと向かっていく)

※輪に指をかけたままにすると、投石器自体が飛んでいくこともない

振る練習をしよう。そうすればどのタイミングでリリースすればいいか、適切なポイントがつかめてくる。実際に石をねらえるようになってから、振るスピードを上げていくのだ。

工作：
編込み式投石器

必要なもの

・4.6mのパラコード
・カッター類

作業時間の目安

・40分

　聖書によればダビデが巨人ゴリアテを倒したという、あの伝説の投石器を作ってみよう。編み込みで作るこの投石器は、石袋部分とそこから伸びた2本のコードでできている。使い方は簡易投石器（130ページ参照）とだいたい同じだ。投げ縄（134ページ参照）もそうだが、ねらいが定まるまではちょっと時間がかかる。ぶっつけ本番にはせずに、まずは枯れ木の切り株などを的にして練習しよう。

1 ←左手で持った側

1. 約4.6mにカットしたパラコードの一端を左手で持ち、左腕を横に伸ばした上でコードをピンと張り、ちょうど胸の中央に来る位置を確かめる（ここまでの長さが投石器の持ち手の片方になる）

　そのあと、この測った部分の先端を正面奥に置いて、胸中央の位置が正面手前に来るようにした上で、そこに石袋の外枠となる2つの輪を図のようにこしらえる（ワーキング・エンドとなる端側は左に伸ばしておこう）

※石袋のサイズは、個人的には手の長さくらいにしている

次ページに続く

2. パラコードの端側を(左から)折り返して
縦のコードをまたがせ、それから上の輪の
上側コードの下を通して(輪をくぐり)、さら
に上の輪の下側コードの上に出したあと、
下の輪の上側コードの下を通して、下の輪
の下側コードの上を通す(これで輪を2回く
ぐったことになる)

※ひと通り抜けたら、通したコードを左に寄せて
おこう

3. さきほどの手順2が編み込みの基本なの
で、今度は手前から奥に向かって同じよう
に再び輪を2回くぐらせる(つまり、下の輪の
下側コードの下を通して、さらに下の輪の
上側コードの上に出したあと、上の輪の下
側コードの下を通して、上の輪の上側コー
ドの上を通す)

※そうすると、図のように石袋の模様らしきもの
が見えてくるはずだ

4. この編み方を、最初に作った2つの輪の端
にたどりつくまで、ずっと繰り返していくと、
図のような石袋が出来上がっていく

※編んでいる最中に、端側を強く引っぱりすぎる
と、石袋の面積自体(特に中央部分)が小さくなっ
てしまうので要注意(作業しているうちに自然と締
まっていくものだが、あえて引き締めたい場合は、
編み終わり近くでならやってもいいし、パラコード
ニードルの先を使って編み込みを寄せて見た目を
整えていってもいい)
※※むしろ大事なのは、石が引っかかってしまう
ような隙間をなくすことだ

5. 石袋の仕上げとして、コードの端側の先を、2つの輪のあいだにある最終列中央の編み目に、下から上へと通したあと、全体をぎゅっと締めて止め結びをする

※図では通し方が見えやすいようにしてあるが、この隙間の空き具合だともう数回は編んだほうがいい

6. パラコードの両端を合わせて、長さが同じになるように余分な部分をカットすれば、投石器の持ち手2本の出来上がりで、締めくくりとして片方の端に（図6のような）止め結びか（最初の図のような）小さな輪を結んでおこう

投石器の使用時には、指に輪をはめるか、2本の指で止め結びを挟むかしておくと、伸びたコードを離して「撃つ」際にも、しっかり輪や結び目は手に引っかかって、投石器全体は飛んでいかずに石袋だけが開かれて、ねらった方向に石が飛んでいくというわけだ

パラコードまめ知識：練習こそが上達への道

投げ縄（134ページ参照）もそうだが、この投石器も時間をかけて練習しなければ、思い通りにならず、生傷の絶えない状態になりかねない。投石器の初心者だったころ、筆者も石を投げては窓ガラスを割ったり、自分にぶつけてアザだらけになったりしていた。モノを壊したりケガをしたりしないよう、道具の正しい使い方をじっくり身につけよう。

工作：
投げ縄

必要なもの

・0.6〜1.2mのパラコード3本
・石や木片などの重り
・ナイフ

作業時間の目安

・30分

　投げ縄は鳥獣の捕獲に最適な狩り具で、工作でも大した時間や素材は不要なので、0.6〜1.2mのコードさえあれば作れる（これ以上に長くなるとむしろ使いづらくなる）。

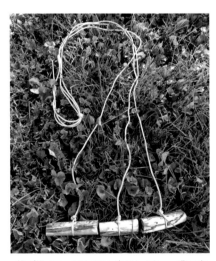

投げ縄のコードは明るい色にしよう──背の高い草むらなど、あとで見つけづらいところに投げることもあるので。

1. サイズと形状と重量がほぼ同じの石か木片を3つ見つけよう

※木片を使った投げ縄は、石ほど遠くに投げられないし、当たったときの威力が高くないが、それでも有効な道具で、初心者の練習の際にも安全性が高い

2. 寸法通りにカットしたコードを使って、重りの入る小袋を編むか、結び目を作るかして、石や木片を固定する

※使いたい石にコードがなかなか巻けない場合は、小さな布で石を包んでからだとコードも結びやすくなる

3. コードの反対側の端をそれぞれ取って、小さな持ち手を編むか、結び目を作るかして、3本のコードをまとめる

4. 投げ縄の練習としては、まず縄の結び目（持ち手）を握って、重りを下にだらんと垂らしてから、くるくると回し始めて、回したまま少しずつ持ち上げて頭上まで持ってこよう
　投げる準備ができたら、重りが真正面に回ってきたと感じたタイミングで、持っているところを手放す（リリースする適切なポイントのコツがつかめるまで、それなりの練習が必要なので、失敗しても落ち込まないように）
　目標に当たると、重りの勢いでコードがぐるぐると巻きつくので、ケモノの足や鳥の羽に引っかかれば動きを封じられるし、重りの衝撃で気絶させたり倒したりもできる

工作：
くくりワナ

必要なもの

- 0.9m以上のパラコード
- 木の棒3本
- ナイフ

作業時間の目安

- 15〜20分

　仕掛けと言えば、真っ先に思い浮かぶのがこの「くくりワナ」だ。いちばん単純なのがコードや針金などで輪を作ったもので、そこをケモノがくぐろうとすると、輪が締まって確保となる。

　仕掛けの設置は、ケモノの通り道になりそうなところを選んでみよう。草の剥げているところ、草むらや茂みのあいだの小さな隙間などを探すといい。寝転んで視線を地面の高さと合わせると、獲物の足跡も見えやすくなる（ウサギになりきって考えてみよう）。工作はとても簡単なので、よさそうなところを見つけてからでも、枠と仕掛けは作れる。

1. 仕掛けの枠は木の棒3本でできていて、まずは木の棒2本の片端に切り込みを入れてから、それぞれ30cmほど離して、切り込みのないほうを地面に突き刺し、最後の1本を横棒として差し込もう

※切り込みにやや角度をつけて、刺すときにその向きが左右で反対になるようにしておくと、かたく固定できる
※※最後の横棒も、切り込みに差し込むあたりをV字に削っておくと、はめやすい

2. 横棒から垂れ下がる大きな輪をコードで作りながら、その一端を横棒に止め結びし、動物がその場所を通過するときにちょうど引っかかるように輪を垂らす（動物が入ったときに輪が締まるよう、ゆるめに作っておくこと）
また、輪のないほうのコードの端は、何か別のしっかりしたものにくくりつけておこう

3. 仕掛けのなかに獲物を誘い込むように、回り込まれたりしないように、左右に木を刺したり積んだりして道筋を作っておこう

工作：

跳ね上げ式くくりワナ

必要なもの

・0.9m以上のパラコード
・ナイフ

作業時間の目安

・30分

「跳ね上げ式くくりワナ」は通常のくくりワナ（135ページ）よりもやや複雑な仕組みで、地中に刺さった支えの部分と、しなった若木にコードで取り付けられたトリガー棒が付け加わっている。ケモノが仕掛けに引っかかることで、トリガー部分が外れ、若木もまっすぐに伸びるので、そのままコードが引っぱり上げられて輪が締まるという寸法だ。この仕掛けの鍵となるのは、設置場所のそばにうまく使える若木が見つかるかどうかである（135ページの仕掛け説明も参照のこと）。

1. 杭とトリガーになる木の棒2本を見つけたあと、杭の片端にレの形の切り込みを入れ、もう片方を尖らせた上で、地面にしっかりと突き刺す
トリガーになる木の棒にもかみ合うようなレの形の切り込みを入れて、真上に引っぱられた状態で杭にしっかりと引っかけられるようにしておく

2. 通常のくくりワナと同じように、止め結びで輪の仕掛けを作った上で、輪の首あたりをトリガーの上端に取り付ける
そこから伸びたコードの先は近くの若木にくくりつけた上で、若木をしならせて力をためつつトリガーと杭の切り込み同士を引っかける

3. 捕まえた獲物の重さで引っこ抜けたりしないよう、トリガーと若木にはコードをしっかりと結びつけておこう

※必要なら、輪の支えとなるものを別の木の棒で用意してもいい

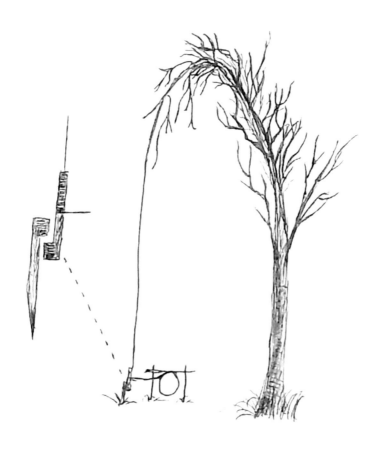

　この仕掛けに慣れてきたら、釣りにも応用できる。作り方や設置方法はおおむね同じで、輪の代わりに釣り糸と釣り針を使おう。水際にこの仕掛けを設置した上で、エサのついた釣り針を水中に入れておく。魚がエサに食いつくと同時にトリガーが外れて、しなっていた若木の伸びたいきおいで魚を釣り上げるわけだ。

5 火おこし

野外活動における最重要スキルのひとつが、火おこしだ。生きるか死ぬかの窮地では、火おこしの技術が生存には必須となる。火はさまざまな面で役に立ち、たとえば体温の調節、照明の確保、飲料水の煮沸、食料の調理、道具の工作、虫除けと動物除け、救難信号と多岐にわたる。

火おこしとその維持を行う能力は、最重要技能のひとつだ。

燃焼の３要素

緊急事態下で火をおこすのが困難になることもある。だからこそ、燃焼の3要素を把握しておくと、いざというとき役に立つ。

要素①
熱源（点火源）

知っておいてほしいのは、野外活動のベテランに聞いても、火おこしにいちばんいいのは携帯可能なライターだと答えることだ。弓ぎり式など摩擦を利用した火おこし法を知っておくのもサバイバルには大事だが、それでもやはり普通のライターが火おこしにはベストだ。とはいえ、本書はパラコードを駆使して生き延びる手立てを記したものであるから、摩擦による火おこしを解説しよう。何かモノを2つ擦り合わせると摩擦が生じるわけだが、その摩擦によって熱が発生するのがこの現象の基本だ。モノとモノとの擦り合わせが強くて速いほど、発生する熱量は大きくなる。寒いときに手を擦り合わせて暖をとることを思い出してみよう——それと同じことだ！

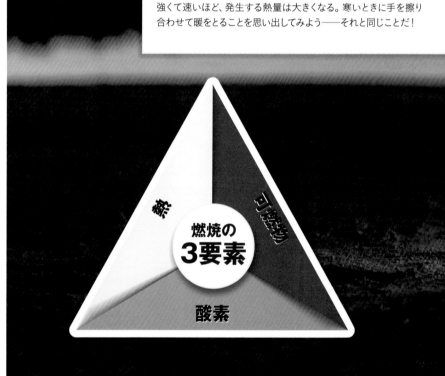

要素②
酸素供給源（支燃物）

　身の周りには間違いなく酸素があるわけだが、火おこしには適切な空気の流れも必要だ。穴を掘って火を投げ入れても、初めのうちは燃えるだろうが、すぐに消えてしまう。横穴を掘って火に空気を送り込めば、もっと長くしっかりと燃えるはずだ。たとえば、焚き火でマシュマロを焼いているとき、その焚き火は根元から空気を取り入れていて、その勢いで熱を持った気流も上昇している。この気流のコントロールが、火おこしした直後の段階では特に重要となる。十分な酸素を含んだ空気が流れてこなければ、せっかくつき始めた火種の維持もままならないし、逆に気流が強すぎても火種が吹き消されてしまう。

要素③
可燃性物質（可燃物）

　たとえ熱源があっても、木に火を当てただけでは火はつかない。この場合の可燃物も、火口（ほくち）、焚き付け、薪とさらに細かく3つに分けられる。火種を作る火口は、乾燥しきった細いものがよく、たとえば乾いた草や鳥の巣、松葉なら野外で見つかるだろう。綿球や乾いた糸くずも火種に適している。焚き付けは、ついた火を移す細い枝（指くらいのサイズ）のことだ。そして薪は焚き付けよりも大きな木材で、いわゆる燃料になるもの。まずは火口に火をつけてから、それを焚き付けに移してしばらく消えないようにした上で、サイズの大きな薪を燃料にして、火を保つわけだ。

パラコードまめ知識：安全な火元の管理

火おこしに始まり、火の維持から消火に至るまで、たえず注意を払うこと。火おこしと火の維持にあたっては、可燃物に燃え移らないよう、しっかり距離をとって安全につとめるとともに、火元そのものも燃料となる固形物で囲っておこう。そして、その場を離れるときには必ず適切な消火を行うこと。火を消すには水をかけるのがいちばんだが、土をかぶせて消火する方法もある（ただし火がくすぶったままで数時間後にまた燃え上がることもあるので気をつけよう）。現地の標識（火気厳禁や山火事注意など）を確認した上で、火の放置は絶対にしないこと。

パラコードまめ知識：火おこしセットの制作

カバンにいつも入れてあるのが、素朴な火おこしセットだ。セットのなかはいろいろ入っていて、筆者であれば、ライターとマッチ、ファイヤースターター（フェロセリウム棒とマグネシウム棒）、火口用のティンダーウッド、焚き付け用のファットウッドなどがある。この筆者お気に入りのファットウッドというのは、着火剤になる木材のことで、火おこし用にカバンにいくらか入れておくことをオススメする。ファットウッドは木のなかに燃えやすい樹脂が含まれているのだが、時間をかければ森で見つけられるし、袋単位で安価な市販品を購入もできる。ちょうどいいサイズのものがあれば、その片端に穴を小さく空けて、そこにパラコードを通したりする。さらに金属製ひも通しを使って、フェロセリウム棒を通してもいい。最後にコードで端をくくれば、火おこし用のアイテムをまとめた便利な首ひもの出来上がりだ。

工作：
パラコード製マッチ

必要なもの

- パラコード
- 松脂または蜜蝋など
- カッター類
- 熱源

作業時間の目安

- 20分
（主に着火剤が溶けて冷めるのを待つ時間）

ロウソクの芯はふつう綿や黄麻などの天然素材でできているが、パラコードは合成素材のナイロン製なので、パラコードの芯をロウソクに使おうとしても、ロウ自体があまり染みこまず燃焼時間も短いので失敗しがちである。ところが元々のパラコードそのものに蜜蝋をまとわせれば、芯だけよりも2倍長持ちする上に、パラコード自体が固くなるので、火のついた状態でも固定しやすくなる。そうすると燃焼時間が長くなるわけなので、余裕を持って火おこしもできるという寸法だ。図では、約15cmのパラコードに蜜蝋を染みこませてあるが、燃焼時間はおよそ1分だった。

1. 溶かした樹脂や蜜蝋にパラコードを浸してから、取り出して熱を冷ます

※このとき、芯の一部をむき出しにしておくと、使用時に火のつきが早くなる

2. いったん冷めたら、再びパラコードを浸してまとわせ、また取り出す

3. この作業を数回繰り返して、パラコードの外周に樹脂や蜜蝋の層を作っていく

※このパラコードでつくったマッチと、ライターなどの火元と一緒に使えば、ライターのオイルやふつうのマッチを節約しつつ、火の使用できる回数を大幅に増やせる

143

工作：
パラコードの火口（ほくち）

必要なもの

・パラコードの芯
・ライター
・ファイヤースターター

作業時間の目安

・5分

　その場所や天候次第で、いい火種が見つけづらいこともある。ところがパラコードにわずかな手を加えてやれば（つまりパラコードを分解してやるだけで）、火種になるのだから幸いと言える。図の黒いパラコードはあらかじめ蜜蝋をまとわせてあるので、その燃焼時間も多少長くなっている。

1. パラコードの端をカットしたあと、中身の芯を引き抜いた上で、その撚り糸を丸めて、クルミの殻ほどのサイズの手玉を作る

※芯として入っている撚り糸をどんどん引き裂いていくと、ウールのような見た目になる

2. コードの外皮部分を縦半分にカットして、撚り糸と同じく引き裂いて、火の当たる表面積を大きくしておく

※ナイロンの燃焼は早いので、なるべく火口と焚き付けは多めに用意しておこう

パラコードまめ知識：マッチ1本の窮地

使えるマッチが1本しかないときの火おこし法がある。まずはパラコードで火口の毛玉をたくさん作っておいて（約15cm分は必要）、乾燥したところにほかの火口や焚き付けと一緒に置いていく。マッチでパラコードの毛玉と外皮の端に火をつけた上で、外皮を横向きに使うとロウソクの芯のようにある程度は長持ちする（といっても、マッチ1本よりも火おこしまでの時間が稼げるというだけで、そこまで燃焼が長くなるわけではない）。

 パラコードまめ知識：小さな炎はそのままに

ついた炎の大きさが小さくても、息を吹きかけないように！　火がつくまでは手間がかかるものなので、うっかり吹き消えてしまうと元も子もない。そこから火を大きくしたいなら、炎の上に火口や焚き付けを重ねていこう。炎に空気を送るのは、底の部分がある程度、炭化してからだ。

摩擦発火

　いよいよ摩擦発火のやり方を学ぶのだから、おのれの筋肉を発揮させる覚悟はあるかと思う。木の棒2本を見つけ出した上で、最大限の速度で擦り合わせるのが、火おこしの基本と言える。

工作：弓ぎり式火おこし器
（147 ページ）

工作：舞ぎり式火おこし器
（148ページ）

工作:
弓ぎり式火おこし器

必要なもの

・弓形の木材
・パラコード
・軸受け(ハンドピース)用の凹みのある
木材か石
・火きり棒用の木材
・火きり板用の木材

作業時間の目安

・20分

　弓ぎり式火おこし器の工作では、火きり板と火きり棒のほか、弓と軸受け(ハンドピース)という4つの部品が必要となる。理想としては板が針葉樹、棒は広葉樹だが、弓と軸受けについてはどんな種類の木でも可だ。軸受けには、火きり棒のてっぺんが入るような凹みがないと、火きり棒が回らずうまくいかない。弓はしなやかな枝や若木でも、乾いた堅い木でも構わないが、弓にかかる圧力に耐えられるかどうかが肝要だ。各部がしっかりとかみ合えば、木と木の摩擦によって木屑から煙が出たあと着火して、火種が出来上がる。この火種を、積んだ火口に移して空気を入れれば、火が燃え上がっていく。

1. 弓の端から端にパラコードを結んで、若干のたるみができるようにして張る

2. 火きり棒の両端を削って、底部分を丸く、頭部分を尖らせる

※尖ったほうの上に当てるのが軸受けだが、このとき一緒に、軸受けに使える石や木片、あるいは貝殻などを用意しておこう

3. 火きり板の端近くに小さめの凹みを空けた上で、その横穴としてV字の切り込みを作る(この切り込みが空気穴の機能を果たすことで、高温になった木屑がその下にどんどんと積み上がっていく)

4. 火きり棒を弓に結んだコードに巻きつけた上で、火きり板の凹みに入れつつ、軸受けも火きり棒の上に当てる

5. 膝をついて、火きり棒の入った凹みから十数cmのところを踏みつけ、そして軸受けを下方向に押さえつけながら、弓を前後に引いて火きり棒を回していこう

※火おこしに失敗しても、再挑戦のときにも続きからできるので、積み上がった木屑はそのままに

147

工作：
舞ぎり式火おこし器

必要なもの

・火きり棒用の細長い木材
・パラコード
・はずみ車(重り)となる木片
・はずみ板(横板)用の木片
・火きり板用の木材

作業時間の目安

・40分

　舞ぎり式火おこし器は弓ぎり式と同じで、摩擦を活用して火種を作る。仕掛けの工作には時間がかかるものの、作業中の労力は少なくて済むし、別の用途にも使えるので、いい効果しかないとも言える(下記まめ知識参照)

パラコードまめ知識：火のほかにも

舞ぎり式火おこし器は火おこし以外にも活用できる。火きり棒の先に尖った硬い石をつければ、木材や岩などの素材にも穴が開けられる。

　舞ぎり式火おこし器は、4つの部品でできている

・火きり棒(芯棒)
なめらかでまっすぐな細長い木の棒
・コード
火きり棒とはずみ板を結ぶもの
・はずみ板(横板)
上下に動かすことで火きり棒を回転させるもの
・はずみ車
全体を安定させつつ、重みをかけるもの

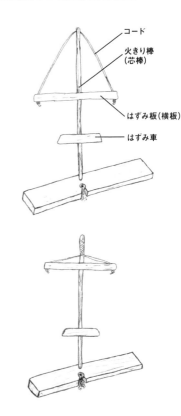

コード
火きり棒(芯棒)
はずみ板(横板)
はずみ車

舞ぎり式火おこし器の大小は任意なので、部品の寸法も特に決まっていない。はずみ板やはずみ車には、いわゆる無垢材を使ってもいいが、その場合は穴開け用の工具が必須だ。無垢材を使えば道具としては頑丈になるものの、穴開けは手間がかかるし、その手が取れないこともある。

穴開けの難しい場面では、はずみ板とはずみ車のところは数本の棒と一緒に束ねて結んでやらないといけない。はずみ板と棒を結ぶにしても、火きり棒が自由に動けるように中央付近には隙間が必要だし、はずみ車に使う棒は火きり棒もろともきつくぐるぐる巻きにしないといけない。

舞ぎり式火おこし器の使用時に生じる大問題には、火きり棒が詰まって回らなくなることと、火きり板の凹みから外れて出てしまうことの2つある。どちらもたいていは、はずみ車がからんでいて、火きり棒が回らないときははずみ車が重すぎる、火きり棒が飛び出してしまうのならはずみ車が軽すぎる可能性が高い。いずれの場合も、重りを加減して調整しよう。舞ぎり式火おこし器は、弓ぎり式の工作よりも時間がかかりはするけれども、動かすのに必要な労力は少なくて済む。火きり棒が舞って回転し出すと、はずみ板が上へと戻って、コードが火きり棒のまわりに巻きついていく。

---

1. はずみ板を火きり棒の上端から（少なくとも）30cmほど下に当てる

※ここがいわゆる「停止位置」となる

2. パラコードの片方の端を、はずみ板の片方の端のところで結んでから、火きり棒の上部にわずかな切り込みを作ったあと、そこにコードを引っかけ入れて、そしてその先のコードの端をはずみ板のもう片方の端のところで結ぶ

※このとき、コードをぴんと張った状態で、はずみ板を底辺とした正三角形になるようにする

3. 舞ぎり部分が出来上がったら、次は火きり板の準備で、火きり棒の先がはまるように凹みを作ってから、切り込みも入れる

4. 火きり棒を凹みに入れて、はずみ板をつかみながら、まずは火きり棒を手で回していこう（こうすると、はずみ板が上へと引っぱられつつ、コードも火きり棒に巻きついていく）

コードの大半が巻きついたあと、はずみ板を押し下げると、火きり棒がぐるぐると回り、下がりきった反動ではずみ板は難なくまた上へと上がって、コードを再び巻きつけていく

この動作を何度も繰り返すと、その反復運動によって、火きり棒と火きり板のあいだで摩擦と熱が生まれる

工作：
薪組み

必要なもの

・パラコード1本
・薪(まき) 数本

作業時間の目安

・5分

　火おこしでの最大の問題が湿気と風だ。この2つの対処法としてはきわめてシンプルで、多少のパラコードがあればいい。最初に火をつける火口や焚き付けの部分を地面から離すことができれば、底部分が濡れた地面に接することもなく、表面から湿気を吸収して木材がしけってしまうこともない。工作の都合上、使ったパラコードは完全になくなってしまうが、もちろん火おこしのほうが大事だから、コードを途中でほどくとせっかくの火が消えてしまうこともあるので、あきらめたほうがいいだろう。

1. まとめたら直立できそうな薪を何本か探して見つける

2. パラコードそのものかその芯を取って、薪に巻きつけた上で、その薪を外側へと傾けて、器のかたちになったところへ火口や焚き付けを入れていく

3. まず火口で厚めの層を作ってから、その周辺部に焚き付けを差して並べていく

4. 余った火口と焚き付けを使って、積んだ火口の上から火種を落として火をつける

※壁にした薪が、起こした火や炎を消しかねない風をうまく遮ってくれる（この薪の壁が厚いほど、内側の火口の山は守られる）

工作:
たいまつ（トーチ）

必要なもの

- ・細長い棒
- ・火口と焚き付け
- ・パラコードまたはその芯数本
- ・カッター類
- ・火

作業時間の目安

・10〜15分
（材料が揃った状態で組み立てるまで）

　暗闇の中で火をどうやって運べばいいだろう？　うまく材料が揃ったなら「たいまつ（トーチ）」が作れるので、別の場所へと火を持っていったり、救難信号を送ったり、夜間の釣りや狩りをしたり、洞窟など暗い場所の明かりにしたり、蚊除けにしたりと、さまざまな用途でその力を発揮させることができる。懐中電灯代わりとしてなら、場所を問わず数分以上は長続きする。木の密度が高いほど燃焼時間は長くなる——これは火の長距離運搬においても役に立つ便利知識なので、絶対に覚えておこう。たいまつの燃焼時間を延ばすために、燃える部分へ葉や若木をさらに入れてもいい。今回の工作は、携帯用の小型たいまつ用のものだが、お好みのサイズに大きくしても構わない。

1. 火口や木の棒を集めたあと、棒の束を地面に並べた上で（このとき木は太い方が上、細い方が下にするとよりきれいに作れる）、たいまつの全長を決めて、その好みの長さのところで折っていく

2. たいまつの上部にあたるところに火口を置いてから、たいまつの形状に棒を束ねて、パラコードでしっかり縛る（巻きつけるところは、底部と中央と上部の3ヶ所だ）

※図のように、間隔を開けつつコードを巻くことで、火がどんどん燃えていくなかでも、たいまつの形状は崩れない

工作：
物干しロープ

必要なもの

・パラコード
・火

作業時間の目安

・乾かすもの次第

洗濯バサミがない？　手持ちのパラコードを使えば大丈夫！(179ページ参照)

　疲労がなくても、まだ明るいうちでも、ことあるごとに火のそばで自分の身体を乾かすのは重要なことだ。靴や靴下などの濡れた衣類は、脱いで火のそばに置いておくこと。乾きかけの衣服も、雑菌や虫がつかないように、火のそばにつるしておこう。つるせば表面積が広くなるので、衣類が早く乾くメリットもある。

　焚き火をして衣類を乾かしているのなら、途中で拾った火口や焚き付けも一緒に乾かしてもいい。衣類と同じように、湿った火口や焚き付けを火のそばに干しておけば、次のときも火をおこすのが楽になる。

 パラコードまめ知識：先々を意識して

生死のかかった緊急事態では、先々のことまで最大限考えないといけない。いったん火おこししたら、大自然では絶対の保証などないのだから、怠けずに先々この火をどう活用するかを考えていこう

・明日の火おこしでも活用する
・炭を作る
・労力と資源の節約として、この火の運搬を考える
・濡れた火口は乾かして、ポケットで携帯できるようにする
・集めた炭で水を濾過したり、再度の火おこしに活用したり、歯磨き粉や筆記用具の間に合わせにする

工作:
薪運び用のくくり方

必要なもの

・1m以上のパラコード

作業時間の目安

・数分

　薪運びは本当にくたびれる作業だ。薪を運んでいる最中、樹皮で皮膚がこすれたり、枝が身体にチクチクしたりするのが、始終気になって仕方がない。ところがパラコードさえあれば、もうこんなことに悩む必要はない。

くくり方①

1. まずはパラコードだけを使ったくくり方だが、コードの両端に輪を1つずつ、つまり計2つの輪を作る

2. 薪の束にパラコードを巻きつけたあと、輪の片方をもう片方の輪に通してから引っぱってやると、持ち手側の輪が薪まわりのコードをぎゅっと縛るので、薪が持ち運びやすくなる

くくり方②

1. コードではなく木の持ち手がほしいときは、まず同じ長さと幅の手頃な木材を2本調達したあと、長さを揃えたパラコードを2本用意して、各コードの両端をそれぞれの木片に結ぶ

2. 持ち手つきのパラコードを地面に広げて、2本のコードのあいだに薪を置いていく

3. きれいに積み上がったら、両側の持ち手を取って、薪をキャンプ場所まで持って帰る

くくり方③

1. 円形にしたパラコードを地面に置いたあと、片手で輪の片側をつかみ、もう片方の手でその反対側をつかむ

2. 両端を引っぱって細長い円にしたあと、集めた薪を中央部分のコードの上に重ねていきつつ、薪の束を包むだけのコードの長さをギリギリ残しておく

3. 薪が積み上がったら、両端のコードを引っ張り上げて薪の上にかぶせたあと、コードの片側を取って、もう片方のコードの下に通してから引っぱり上げると、その部分がちょうど運搬用の持ち手になる

6 衛生と応急処置

応急処置の基本テクニックは誰しもが知るべきで、この知識があれば適切な医療措置が受けられるまでのあいだ、現状維持（あるいは症状を悪化させない）ことが可能だ。たとえば虫刺されや小さな切り傷を放置して化膿させたり、不潔な水を飲んで病気になったりと、大事故ではないけれどもささいなことが積み重なって悪化することがよくある。本章では、そういう小事が大惨事にならないよう、パラコードを用いた応急処置の基礎を学ぶ。

水の利用時は、清潔と衛生と安心を確保すること

工作:
手洗いキット

必要なもの

・短めのパラコード
・ペットボトル
・カッター類

作業時間の目安

・5分

サバイバル状況下では病気が死の宣告になりかねない。病気予防の最善策としては、最大限の手洗いが挙げられる。1日平均で数千回、人は自分の顔に触れるとされる。そのため汚れた手で目鼻口の付近を触ると、そのぶん細菌が体内に入りやすくなるわけだ。

石けんなどの洗剤があっても、手洗いで問題になるのは、清潔な水を十分に確保できるかだ。緊急事態においてきれいな水はきわめて重要かつ貴重な資源であるのに、サバイバルをテーマにした番組や映画では、まるで水道の蛇口をひねるかのように、無尽蔵にあちらこちらで水を使い散らす例があまりに多く見られる。水がふんだんにあるときにはわからなくても仕方ないが、清潔な水が手に入ったなら、まずすべきは適切な管理と節水なのである。

1. 刃物でボトルのキャップ部分に小さな穴を開ける

※穴はパラコードの直径よりもやや小さめにしておくと、キャップとパラコードのあいだで隙間がなくなる

2. パラコードの端の片方をカットして、ライターで焼いて先を尖らせる

3. コードの先端をキャップの穴に通して、ボトル内にコードを約10cm差し込む

4. キャップを外して、コードの先端に止め結びを何個か作る

5. キャップを付け戻してから、ボトル外側のコードを引っぱって、止め結びをキャップ内側にしっかりと寄せて密着させる

6. ボトルに清潔な水を入れたあと、ボトルの上下をひっくり返して、コードが下に垂れるようにすると、芯代わりとなったコードが水を調節して少しずつ流してくれるので、水を無駄にせず手洗いができる

工作：
ペットボトル・シャワー

必要なもの

・ペットボトル
・カッター類
・1m以上のパラコード
・きれいな水

作業時間の目安

・数分
（ペットボトルの工作のみ、水の温めには
さらなる時間要）

　手洗いと同じく、入浴も衛生状態を維持する手立てとして良いもので、ひいては応急処置が必要となる事態を少なくしてくれる。身ぎれいに努めれば、面白いことに副次的な効果として、やる気や気持ちも保つことができる。ささいな日課に思えるかもしれないが、手洗いと入浴は自分自身のケアでもあるので、何より気持ちよくなるものだ。さらには日常に戻ったような感覚にもなれるため、安心感も得られる。

　今回の工作では、ありふれたペットボトルを用いる。このボトルは世の中どこにでもあるので、難なく見つかるはずだ。ペットボトルのサイズ次第でシャワーの出る時間も決まるので、大きいに越したことはない！　右図のような1ℓのペットボトルがいちばん一般的だろう。キャップの締め具合の調整で、水流の勢いも加減できる。図（氷雨時の撮影）のシャワーでは水流は約3分持続し、キャップを取り外した状態ではわずか25秒でボトルが空になった。

次ページに続く

1. 刃物でボトルの底の外周に沿って小さな穴をいくつも開けていく(足が凸凹しているボトルの場合も最下部に開けること)

※穴のサイズ次第で水量と水勢が決まるので、本当に自分の好みで決めてほしい(個人的には鉛筆の頭についている消しゴムの半分くらいの大きさがオススメ)

2. そのあと、低い位置にある木の枝など、ボトルをつり下げられるところを探した上で、パラコードを枝に引っかけ、必要なコードの長さを見積もってから、そのコードの端の片方をボトルの首に回して止め結びする

3. シャワーの時間になったら、ボトルに清潔な水を詰めた上で、ボトルを頭上に引き上げて(巻き上げて)、全身を洗おう!

パラコードまめ知識: 野外でも温水シャワーを

温水の出る蛇口が付近にない場合でも、水を温水にする手立てが2つある。1つは、水の入った容器を日なたに置いて太陽光で温める方法だが、ちょっと時間がかかったりする。もう1つが、火で水を温める方法だが、熱湯で火傷しないよう、くれぐれも気をつけないといけない。好みの温度になった時点で、シャワー用のボトルに詰めて湯浴みをしよう。

工作：
肌の保護

必要なもの

・パラコード
・木の皮（樹皮）

作業時間の目安

・10分

　サバイバル環境下では、身体の露出部分を周囲の危険物から絶えず保護することが肝要だ。丈の長い草でも皮膚に小さな切り傷ができて、そこから重大な感染症になるおそれがある。パラコードをベルト代わりにして、樹皮を体に巻きつければ、耐久性のある体表用防具にもなる。コードのせいで血行が悪くなったり、皮膚が荒れたりすることもあるので、きつく巻きつけすぎないように留意してほしい。

工作:
パラコードで作る担架

　連れの誰かが急病や歩行困難になることもあったりする。その場合、対象者を安全なところに置いたまま助けを求めにその場を離れるのか、それとも対象者を一緒に運んでいく方向で頑張ったほうがいいのか、状況判断を迫られる。担架を作ることになったなら、いくつかの方法が考えられる。

作り方①：ふつうの担架

　いちばん簡単な類いの担架は、丈夫な枝2本と布地（カンバスかタープ）、そしてパラコードで工作可能だ。担架がねじれたりしないように、両端に1本ずつ、2本の横木を取り付けてもいい。

1. 布地を広げて地面に敷く

2. 木の枝を取って、布地の両端に置く

3. 布地で枝を巻いていくが、人を乗せないといけないので、中央部分に61cm強の布地が残るようにする（乗せる患者の横幅に合わせて要調整のこと）

　※患者運搬時の持ち手となる枝部分も布地からはみ出ていないと使えないので要注意

4. パラコードで布地を枝に固定する（必要なら布地に穴を開けておくこと）

※担架は必ず2人がかりで運ぼう

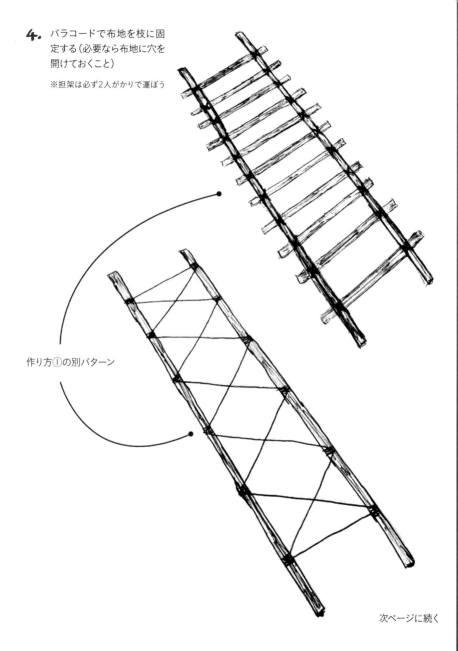

作り方①の別パターン

次ページに続く

作り方②：そりタイプ

　パラコードを使えば、1名ないし複数名で引くそりも作れる。人ひとりを支えるので、それなりに大きくて丈夫なものが必要となる。そりのボード部分の片方の端にパラコードを結んで引っぱれるようにするのだ。ただし、岩場や険しい地形では、この種のそりを引くには困難になるだろう。

パラコードまめ知識：装備もそりで

ここで工作した担架は、人の運搬以外でも、モノも運べる。重いモノを背負って移動するのは大変なので、そりで物資を引きずりながら進んでいけば、苦労も軽減される。

作り方③：トラボイ（V字そり）

　この器具はふつう物資運搬に用いられることが多いが、担架としても使える。民俗上の名称はトラボイと呼ばれ、横木の入ったA字の骨組みで、最低1本の横木が必要だが、何本でも追加していい。図の骨組み上部が、担架として引っぱるときの前面に当たる。地面に置いた状態でまず前部のV字のあいだに入った上で、前に突き出たこのV字をつかんで持ち上げてから、前に引っぱっていく。

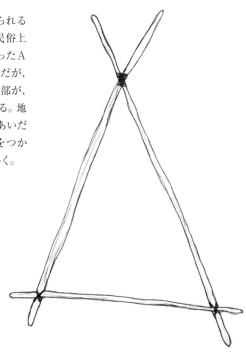

工作：
パラコードを用いた縫合

必要なもの

- 針
- 1mのパラコードの芯
- ハサミまたはナイフ

作業時間の目安

- 5〜10分

前置きしておかないといけないが、筆者にはパラコードによる縫合の実経験はなく、ただこのコードが縫合に使えることを聞き知っているだけだ。縫合を必要とする怪我の種類や適切な方法については、どうか各自でしっかり勉強してほしい。パラコードから作った縫合糸は、現代の縫合材料とは違って体内で分解吸収されないので、いずれ抜糸する必要がある。縫合に用いる器具や道具の取り扱いとしてきわめて重要なのが、使用前に行うべき可能な限りの全品滅菌処理である（169ページ参照）。

この項目では、「連続縫合」という技術に依拠する。難易度もいちばん低いレベルで、とりわけ片手だけで可能だ。図では、やり方がよくわかるように、大きめの針とそのままの芯1本を使っている。もちろん小さめの針（できれば曲線形のもの）を用いたほうがいいし、パラコードの芯を分解してもっと細い糸にしたほうがいい。もしピンセットペンチがあるなら、それで針を皮膚に刺したり引っぱったりすることを推奨したい。

本書記載の例に漏れず、ひたすら練習あるのみだ。傷口の縫合は経験のない人がほとん

どだろう。自宅でこの技術を練習する方法もいろいろある。プラ製や発

泡スチロール製の小型ダミーが販売されていて、筆者は使ったことがないが評判はいいらしい。あるいは本書（筆者）のように、冷蔵庫の生肉を使ってもいい。「患者」をどこで見つけるにせよ、両手での縫合と片手のみでの縫合をしっかり練習しておこう——サバイバル状況下では、自分で自分の縫合をすることもあるのだから。

1. 縫合糸となるコードの芯をカットして（約1mあれば十分）、針の穴に糸を通してから止め結びをし、その針を切り傷の片側の皮膚から押し込んで、傷口を抜けて、反対側の皮膚の向こうまで通す

※最初の輪が引っぱられたとき、端の隙間がふさがるよう、傷口の端部分のすぐそばから針を入れ始めること

次ページに続く

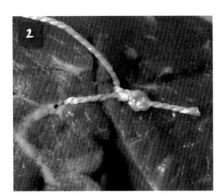

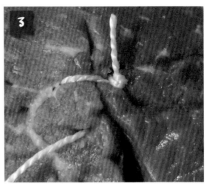

2. 針で糸の大半を通し終えたら、外科結び（サージャンズ・ノット）という結び方で端がずれないようにする

そのあと、長く糸が続いているほうで数個の輪を作ってから端を差し入れて、軽く止め結びをいくつか作る（外科結びとまではいかないがそれに近いものになる）

これで最初の結び目が出来上がるので、余分な部分をカットする

3. 結び目のある側から縫い始めるので（図の場合は右側）、針を右側から押し入れて左から出す（このとき直線ではなく、やや斜め気味に縫うと、うまくまとまりやすい）

※1つ前の輪がゆるまるのを防ぐため、糸をやや引っぱり気味にする場合もある

 パラコードまめ知識：縫う深さ

皮膚に針をどれくらいの深さで通せばいいのか、筆者から教えられることはない。もし表記近くに針を通したなら、縫合糸が固定されず、引きちぎれてしまうおそれがある。深く刺しすぎると、痛みが強いばかりか、傷がもっと広がる可能性もある。応急処置を試みる前に、できるなら必ず医療の専門家に相談してほしい。

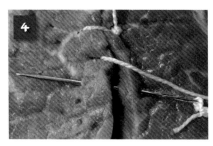

4. 糸に傷口をまたがせた上で、右側から針を差し入れ、左側から出す（その際にはぴんと糸で引き寄せて、傷口の上部がふさがるようにする）

この手順を傷口の端にたどり着くまで繰り返す

※この図では、針の穴に通したあとの止め結びが大きいが、実際にこの大きさだと皮膚を通すときに不快な気持ちになるので要注意

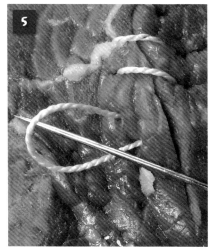

5. 縫合の仕上げの際、片手しか使えないようなら、最後は糸をまたがせて右から刺すのではなく、左側から針を入れて右側から出した上で、引っぱらずに糸のたるみで左側に輪ができるようにする

※コードを使った工作の例に漏れず、仕上げにはいろいろ方法がある

6. できた輪に針を数回くぐらせた上で、ぎゅっと締めたあと、余分な部分をカットする

腕用吊包帯（アームスリング）

片腕しか使えない状態で、もう一方の腕を固定するのは実にやりにくい。幸いにも1mほどのパラコードがあれば、簡易的な吊包帯が作れる。傷の開いた皮膚の上からコードを巻くと、気分が悪くなったり、皮膚が直にこすれたりすることがあるので、靴下やバンダナなどの余分な衣類をコードと皮膚のあいだに挟むといい。

1. 腕を胴体に当てて、パラコードの端を腕にゆるく巻きつけてから、反対側の先を首の後ろに回してからまた腕のところまで戻すと、安静にさせたい位置でつるのに必要なコードの長さを見積もれる

2. パラコードの両端に、腕が通せるサイズの輪をつくるが、この輪の大きさは固定でないといけない（コードを引っぱって締まる類いの輪だと、腕が締めつけられて別の問題が生じるおそれもある）

3. まず1つの輪に腕を通して、その輪部分を奥の肘まで押し込む

4. パラコードを取って、首の裏にぐるっと回してから下に戻し、手首近くに来るはずのもう1つの輪を腕に通す

木の添え木

可能なら、添え木の必要な部位と同じ長さの木材を見つけよう。指や腕や脚に添え木するとき、必要な木材は2本がふつうだ。

1. 固定の必要な部位の両側に木材を当てる

2. パラコードを巻きつけて、木材を固定する（きつく巻きすぎないように注意）

3. 結び目を作って全体を固定する

工作：
パラコードの添え木

必要なもの

・1mのパラコード

作業時間の目安

・数分

　木での添え木が難しい場面というのもあり、たとえば片手で複数本の指を固定しないといけないとき、そもそもその木が見つからないときがそうだ。そんな自体の乗り越え方として簡単なのが、患部の指にパラコードを巻くことだ。指が動かないようにぴったりと巻きつけるが、きつすぎると指の血行が悪くなるので要注意。コードの芯ではなく、そのままの状態で使おう。

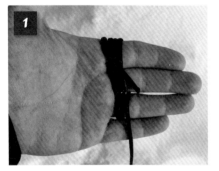

1. パラコードの端部分を指と指のあいだに平行に置いてから、この部分を固定するようなかたちで、コードの残りの部分で巻いていく

※コードは巻きながらぴったりと寄せるが、きつくしすぎると指が紫に変色してしまうので要注意（図では1.5mのパラコードをそのまま使って人差し指と中指を巻いている）

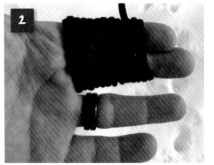

2. 仕上げとして、最後の数巻きはゆるくしておいて、コードの端を巻きの中に入れて指の付け根まで通してから、引っぱって全体をぎゅっと締める

※固定方法としてはあくまで簡易的なもので、手が激しく動くと指の端からコードが滑り抜けてしまうこともあるが、当座の処置としては有効だ

167

工作：
パラコードによる止血

必要なもの

・パラコード
・棒状のもの

作業時間の目安

・数分

 パラコードまめ知識：
窮地限定で使用可

注意!　パラコードそのものは止血帯に適した素材ではない。狭い範囲に強い力がかかるので、皮膚や細胞をさらに痛めるおそれもある。パラコードなど直径の狭いひも類を使用するのは、あくまで一時的な措置か、ほかに手立てがない場合に限られる。パラコードそのものにパラコードを巻きつけて、表面積の大きい太めのロープを工作するのも一案だ。

　止血帯の目的は、適切な医療処置が受けられるまで、大怪我の出血を遅らせたり止めたりすることにある。そのためには、止血帯を負傷箇所よりも上の位置に付けないといけない。止血帯は、負傷した四肢（腕や脚など）に付けるのがふつうだ。この工作では、約3mのパラコードを用いるが、あらかじめ何度か2つ折りにして、片側の端に輪ができるようにしておく。何度か2つ折りしておくことでコードの表面積が広くなり、傷の悪化の可能性をコード1本とは比べものにならないくらい減少させられる。

1.　パラコードを太ももの上（または負傷箇所の手前）に巻きつけてから、端をループに通して強めに引っぱる

2.　コードをひねって、傷口への血流を減らす

※パラコードの端に小さな木片を結んでおくと、持ち手として使えるので、ひねりやすくなって負傷箇所にも適切な圧迫ができる

とっさの裏技

注意：なお本章の記述は一般的な情報提供のみを目的としており、医学的アドバイスの提供を意図するものではありません。あくまで民間療法であり、その効果に責任は持てません。行う場合は個人の責任のもと行い、けっして他人に対して行わないでください。

水ぶくれの対処

　水ぶくれは、とりわけ手や足にできると、対処するだけでも実に痛い。ここに掲げる対処法は自分で試したことはないのだが、うまくいったという話は聞いている。

1. まずは水ぶくれの側面に小さな穴を開けて、中に溜まった水を出せるようにしよう（こうすると膨らみと痛みが和らいで作業しやすくなる）

2. パラコードの心を穴に差し込むと、水ぶくれから水分を吸い取れるので、治りが早くなることがある

腕用吊包帯（器具の滅菌）

　適切な応急処置で最重要レベルの項目が、使用する器具や材料が滅菌されているかの確認である。限られた物資を再利用する羽目になることも多いサバイバルでは、この滅菌が問題になりがちだ。パラコード自体が滅菌処理の道具になるわけではないものの、本書掲載の工作で火をおこし、清潔な水が得られれば、汚れたモノを洗う行為の準備にはなる。

　器具の滅菌としていちばんの手立ては、汚れたモノがちゃんと入るサイズの容器で湯わかしすることだ。たとえば、汚れた包帯が煮沸消毒できれば、生地に潜んだ雑菌も死滅させることができる。そのあと、清潔なパラコードを使って器具をつるし、汚染源が近くに無い状態で乾燥させる。きれいになった包帯は折りたたんで、できるだけ清潔な場所にしまおう。こうした煮沸消毒は応急処置用具、とりわけ皮下に触れるものを使う前にやるのが理想だ。たとえば縫合に用いる針は、火で滅菌するか煮沸消毒しておこう。

7 キャンプ地と調理

日 中に歩き通したあと、狩りや釣りを延々とやったあとでは、キャンプ地の支度がくたびれる仕事に思えることもあるだろう。シェルターの作成、資材や食料の保管、料理作りに道具作りなど、やることを数え上げればきりがない。そんなときにパラコードが手元にあれば、こうした作業もやりやすく簡単になったりする。

必ずしも大自然の中イコール不便不快とい
うわけではない

工作:
食料のつり上げ

必要なもの

・パラコード
・石や木などの重り

作業時間の目安

・5分

サバイバル状況下で、食料と清潔な水を見つけるのは困難だ。朝目覚めてみると、食料は夜中に動物が盗んでいた、となればショックもひとかたではない。だからこそ、就寝時やキャンプ地から一時離れるときには、食料をつるしておくのがいい対策となる。

1. コードを適切な長さにカットしてから、片方の端に重り（石・木材やモンキー結びなど）を結んだ上で、その反対側に食料や荷物をくくりつける

2. そのあと、上につるしても大丈夫そうな木の枝を探す（つるす箇所は木の幹から3m、地面から6mほど離れたところ）

※地面からでは枝の耐久性がわかりにくいこともあるので、実際につり上げる際には、いきなり枝が折れたりしないかじゅうぶんに注意すること

3. パラコードの重りのついたほうの端を、全力で枝へと投げて引っかけてから、食品を引き上げる

※動物が登っても届かないように、枝から30cmほど下に垂らしておくこと

4. 重りのついたコードの端をどこかにくくりつけて、食料や荷物がつり上げられたままの状態にする

※荷物が重いとなかなかつり上げにくくなることもあるので、カン金具（パラコード・ブレスレットに使っているものなど）を間に合わせの滑車にして使えば、この作業も楽になる

工作：
キャンプ椅子

必要なもの

・4本以上の木材
・防水シート(タープ布など)
・パラコード

作業時間の目安

・30分

　自然の中で腰を下ろすとなると、地面はたいてい固いので理想からは遠く、丸太でもそこまで良くない。しばらくある場所で過ごす羽目になった場合には、疲れた足が休まるような簡易的な椅子でも作りたくなる。この椅子の制作にはそれほど時間もかからず、地面や丸太に比べればずっと快適な座り心地だ。今回の工作には、椅子の骨組みに木材が最低4本必要で、椅子の背もたれ部分にはタープ布などの防水シートがちょうどいいだろう。

1. 木の棒を3本用意した上で、上端部分を結んでまとめて、やや傾いた逆さV字の骨組みを作る

2. 短めの木の棒1本を持ってきて、うち2本のあいだに渡すようにして、結びつける (ここが座席になる)

3. その左右2本の支えのあいだにタープなどの布を張って、快適な背もたれとして機能するようにする

　※布の代わりに、工作して作った網 (124ページ参照) を使ってもいい

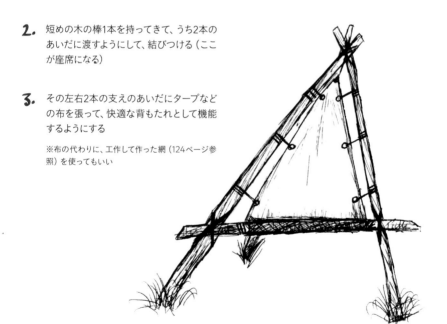

工作：
パラコード製ベッド

必要なもの

・木の棒
・丸太
・パラコード
・(あれば) タープ布またはカンバス布

作業時間の目安

・1時間

　地面から1段高くしたベッドを作るのは簡単だし、ベッドに寝ることで夜間、自分の体に何かが這いずり回ったりせずに済むし、また地面が濡れて冷えていても、体から熱がたくさん奪われずに済む。パラコードを使ったベッドの作り方には複数ある。

作り方①：まずは2本の丸太のあいだにベッドを敷くやり方で、この丸太が骨組みの一部となる。地面に敷かれた2本の丸太に対して、横向きに丈夫な枝を2本置いて、パラコードで固定する。今度は丸太と同じ向きで、枝の横木になるようにさらに枝をたくさん置いていく（できた井桁のあいだにタープなどの布地を敷いてもいい）。

作り方②：こちらの設置法では、丸太を用いなくてもできるが、杭代わりになる木材などの自然物が4つ必要となる。図のように、地面に挿した杭に沿って枝をくくりつけると、骨組みが出来上がるので、その井桁のあいだにほかの木材を敷いたり、敷いた上で固定したりしよう。とはいえ快適に寝そべりたいのなら、さらにマツの枝などを積み重ねて層にして、天然素材のマットレスをこしらえるのがオススメだ。

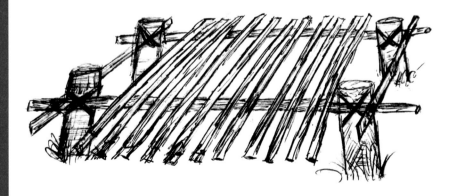

工作:

なわばり確保

必要なもの

・音の出る容器
・パラコード

作業時間の目安

・15分

一晩明かす際にいちばん気がかりなのは、自分のいるキャンプ地に招かれざる客が侵入してくることだろう。侵入者が来たことを警告してくれる手立てがあれば、命を守るための対策ともなる。

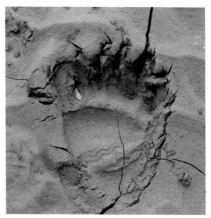

就寝前に保安設備をセットしておけば、目が覚めた途端こんな有様に出くわさずに済む

1. 長めのパラコードを取って、その両端を木など、くくれるところに結んでいく

　　※このときパラコードは地面から30cmほど離しておくこと

2. このコードを使って、接触時に音が出るものをつるしていく（飲料缶や缶詰のほか飯盒や石ころでも結構大きめの音が鳴る）
やってきた侵入者がコードに引っかかると、ぶら下がっているものが跳ねて互いにぶつかるので、この原始的な警戒システムの音のおかげで、キャンプ地に何がやってきたとしても対応する猶予の時間が得られるはずだ

　　※自分が蹴つまずかないよう、コードの位置は忘れずに

シェルター

　キャンプ地を見つけたあと、まずすべきこととして、遮蔽物（いわゆるシェルター）の設置がある。別に1ヶ所に長居するのでなければ、手の込んだ作りでなくてもいい。その際のシェルターは、それなりにゆっくり体を落ち着かせたり、雨風を避けられたりするくらいのサイズで、実のところじゅうぶんだ。簡易的なタープ・シェルターがあれば、一晩のあいだ風雨をしのいで明かしたりできるだろう。防水シートや天然物を使ったシェルターの設置は、やり方がいくつかある。

工作：
タープ・シェルター
（177ページ）

工作：
立てかけ柵
（178ページ）

工作：
ティピー風
タープ・シェルター
（179ページ）

工作：
壁／リフレクター
（180ページ）

工作：
タープ・シェルター

必要なもの

- ・カンバス布またはタープ布（プラ製）
- ・パラコード
- ・杭や柱になる棒
- ・端の重しになる岩など（あると便利）

作業時間の目安

- ・15〜20分（作るもの次第）

　タープ・シェルターは作り方がいくつかある。手元にある防水シート（タープ）のサイズや使える材料次第で、選択肢が変わってくるわけだ。どちらを選ぶにせよ、まずは2本の柱を立てた上で、そのあいだにコードを渡しておこう。

作り方①：コードと杭を用いる。遮蔽物として最大になる部分を必ず風上側、つまり風の吹いてくる向きに設置し、風を可能な限り防ぐ。その上で、できるだけ急勾配にして、雨や雪が滑り落ちやすいようにする。

パラコードまめ知識：ハトメのないシートの場合

　シートを使うにも、パラコードを結ぶためのハトメ（金属製のリング）がない場合だってあるだろう。そんなときにも使えるちょっとしたコツがある。まずはその辺で小石などを見つけて、シートの角付近に当てる。そのまま小石をシートで包んでやると、小さなこぶができるので、ここにコードを巻きつけてやれば、固定も出来るというわけだ。

作り方②：コードや杭の代わりに、石や丸太でシートの端を押さえる。尖った部分でシートに穴を開けてしまわないよう気をつけよう。

工作:
立てかけ柵

必要なもの

・パラコード
・枝や草など

作業時間の目安

・30分

　いわゆる片流れ式に枝などを立てかけた柵は、シェルターとしてもいちばん簡単な工作だ。横木にどんどん枝や草を重ねていけばいい。パラコードなしでも作れるが、使ったほうが構造物としては安定する。

1. あいだに横木をかけられそうな2本の木などの構造物のある場所を見つけた上で、両端がその2本から左右にはみ出るくらいのサイズの枝を渡して、パラコードでそれぞれ幹にくくりつける

※大きな倒木を代わりに用いて、そこに枝を立てかけていってもいい

2. 横木に立てかけられる枝や木を集めていって、風雨のしのげる壁として重ねていく（草やマツの枝などほかの植物も重ねて隙間をふさぐと守りが強くなり、下から上へとちゃんと層を作りつつ正しく積んでいくと、家の屋根のように雨もこの壁を伝って流れていく）

工作：

ティピー風タープ・シェルター

必要なもの

・パラコード
・タープ布
・杭になるもの

作業時間の目安

・30分

　タープ布などの防水シートがあって、近くに木の枝などの空中に張り出していてモノが引っかけられるところがあるなら、この「ティピー」と呼ばれる円錐型のシェルターは楽に作れる。いざというときに、さっとシェルターを設置できるコツでもある。

1. タープなどのシートを敷いて、その中心を見つけた上で、そこに石などの小物を置く
小物をその周囲のシート部分で包んでこぶを作り、ここをパラコードでしばってシートの頂点を作る

2. パラコードの反対側の端を取って、張り出した枝へと引っかけたあと、コードの先を引き下げて、シート全体を地面から持ち上げる

3. コードの端をどこかに固定した上で、シートが外へと広がるように端を引っぱって、こちらは杭で固定する（下から入れるよう、端を1ヶ所だけ杭を打たないままにしておく）

※即席の杭代わりとして、石や木を端の上に置いてもいい

洗濯バサミ

　洗濯バサミがあると、何かを留めるときに便利だ。簡単に作れるのに、思った以上に役立つし、サイズを大きくすれば木でできた万力にもなるので、作業中に何かを固定したいときに力を発揮する。

1. 木片を手にとって中心から縦に裂く（全部割ってしまわず、3/4程度にとどめておく）

2. 小型の洗濯バサミなら、パラコードの芯を木片に巻きつけておくと、開いた先のほうに力がかかって、木の全体が割れてしまうのも防げる

とっさの裏技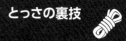

工作：
壁／リフレクター

必要なもの

- ・太めの枝
- ・長めの丸太
- ・刃物類
- ・パラコード

作業時間の目安

- ・30分以内（作る壁のサイズ次第だが
1.2m×1.2mの小型なら）

ないように火元から30〜60cmほど離して壁を作るといいだろう。壁のおかげで、周囲の熱がシェルターの内側へと「反射」されて、暖かくなるわけだ。

この工作では、2つの機能を兼ね備えたものの作り方を示す。パラコードと木材を少し使うだけで、動物の侵入を防げるほか、風除けにも、焚き火の熱反射板（リフレクター）としても使える壁が制作できる。壁本体は3つの部品からできている。

- ・木の棒：壁1枚につき4本必要
- ・枝や丸太：横向きに積む中身部分
- ・パラコード：全体を縛り上げるもの

壁の高さと横幅は手に入る材料と道具次第だが、おおむね1枚で1.2m×1.2mの壁がちょうどいい。寸法の計測では、馴染みのあるものを参考にするといい。たとえば、枝を直立させれば自分の身長と比べられるし、長さの目安がつかめたらその枝を物差しに使える。

この壁をどんどん横に連ねて1周させると、キャンプ地にぐるりと防護壁が設置できる。熱除けとして用いる場合には、シェルターと焚き火のそばに置くわけだが、火が燃え移ら

1. 支柱になりそうな丈夫な枝を4本見つけた上で、それぞれの片端部分を刃物で削って尖らせる

2. （なかに枝や丸太を挟んでいけるよう）間隔をそれなりに空けつつ、尖ったほうを下にして2本の支柱を地面に差し込む

3. もう2本の支柱を、さきほどの支柱の真向かいに立てる

※手斧があるなら斧頭をハンマー代わりにできるが、ない場合は木片で叩いてもいい

4. 支柱で挟んだ隙間に、横向きにした丸太や枝を地面から上へと、支柱の頂点から約10cmのところまで積み上げていく（これで出来上がりにしてもいいが、壁の両端にある支柱2本の上部をパラコードで巻いてまとめるとさらに安定する）

パラコードまめ知識：泥で隙間埋め

近所のホームセンターで寸法のまっすぐな木材を買えるわけではないので、野外調達した材料で壁を作ると必ず隙間ができてしまう。ただ、この隙間も自然素材で簡単に埋められるので、小枝を詰めていってもいいし、草と泥の混ぜたものをモルタルみたいに塗っていってもいい。

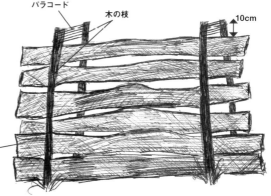

パラコード

木の枝

10cm

枝や丸太

パラコードを活用した調理

　人生においてはよく、ささやかなことが最大の喜びとなったりする。焚き火を囲んで温かい食事と冷たい飲み物を摂るのは、どこまでも楽しく心地よい。焚き火での調理にはもうひとつ明らかな利点があって、それは食料の殺菌ができることだ。パラコードはナイロン製だから、高温で加熱されると溶けて燃え尽きてしまうが、ほかの材料と併用することで調理にも役立てられる。

**調理：身の下ごしらえ
（183ページ）**

**調理：
ペットボトルでの湯沸かし
（184ページ）**

**調理：肉の燻製
（186ページ）**

調理：
身の下ごしらえ

刃物類の切れ味を維持するためには、できるだけ使用頻度を節約すればいいわけだが、その際にパラコードの芯を使って、食料を切ったり下処理したりする方法もある。おしゃれなチーズ職人がチーズを切っているところを見たことあるだろうか？　そう、チーズのかたまりを糸で切ったりしている。同じようにパラコードの芯も使えるわけだ。

パラコードの芯は、魚など捕った生き物の鱗や皮を剥ぐのにも使える。魚の鱗剥ぎでは、まず平らな場所に魚を置いてから、コードの芯の中点付近を魚の尾のあたりに当てよう。それからコードの芯を下向きに押さえつつ、頭の方向に引っぱっていくと、ちょうど撚り糸の部分に鱗が絡まって、うまくぽろぽろと取れていくわけだ。このとき、魚の尾も押さえておくか、何か杭のようなもので留めておいたほうがいいかもしれない。

そのほか生き物の皮剥ぎの場合は、皮の下にコードの芯が当てられるよう、皮に沿って切り込みを入れておこう。芯の両端を左右の手で持ちながら、芯を前後に動かしつつ結合組織を切り離していく。

モノにはよるが、パラコードの芯では肉を切るほどの力が足りない場合もある。芯の切る力をぐっと高めるコツもあるにはあって、まずは小さな木片を用意して、そこにコードの芯をぐるぐると巻きつけていく。そのあと垂らしてみると、らせん状になった芯が伸びるので、そのらせんの内側に切りたいものを置

必要なもの

・パラコード
・小さな木片

作業時間の目安

・数分

く。そして木片を持ち手代わりに、芯をひっぱると、ねじれた芯が中身を締めつけるので、何度も力を加えていくと、そのうち中の肉がゆっくりとねじり切れていく。このちょっとした道具でいろんなものが切れたりする。

調理：
ペットボトルでの湯沸かし

　手に入れた水を煮沸する必要に迫られている場面で、金属製の容器が持ち物にない（使えない）こともあったりする。そんなとき、ペットボトルでも湯沸かしできることはご存じか？

　プラ容器で水を沸騰させるのは、関係する温度の知識があれば問題ない。水は100℃で沸騰するが、たいていのプラ容器はこの100℃に耐えられるし、ペットボトルの場合、低温の熱を一定して加え続ければ、容器が溶ける前に湯沸かしが可能だ。

必要なもの

・ペットボトル（またはプラ容器）
・パラコード
・火

作業時間の目安

・20分

注意：この方法での湯沸かしは、ほかに適切な容器が見つからない場合の最終手段にすること。プラスティック製の容器に熱が加わると、有害物質が水に溶け出してしまうからだ。

1. まず火おこししつつ、ボトルに水を詰める（熱で内圧が変化するのを防ぐため、キャップを外しておく）
そのあと、パラコードをボトルの首に回してから止め結びを数個作り、コードのもう片方の端を、焚き火の上に作っておいた固定具にくくりつける（固定するものは木の枝や三脚、手で持った棒でも可）
炎がボトルの底にぎりぎり当たらないような位置に据える（プラスティックが高熱で溶け出さないよう、ずっと火を観察しつつ、その都度ボトルの高さを微調整すること）

2. ボトル上部が熱でひしゃげることもあるが、これは想定通りの結果で、ボトル側面に気泡が出始めたら、ちゃんと熱が加わっていると思っていい
煮沸して飲み水にするまでにかかる標準の時間は、沸騰後1分だ（ただし標高によって多少変化するので、3分間沸騰させればたいていはOKだと覚えておこう）。

※諸説あるので、あくまで個人の責任で行ってください。

調理：

肉の燻製

肉を燻製すると、冷蔵しなくても何日も長持ちさせることができる。じっくりと低温の煙で食料を乾燥させることで、その内部の水分が大幅に減少するため、細菌の活動が防がれて腐りにくくなる。肉の燻製には長い時間がかかるが、肉を特殊な方法でカットすれば、その工程を早めることも可能だ。

必要なもの

・木の棒
・パラコード

作業時間の目安

・15分（準備）と数時間（燻製）

1. 肉を薄くスライスして、いぶす煙の当たる表面積を大きくする

※肉に斜めに切り目を入れるやり方でもよく、そうすると肉をつるしたときに切れ目が開いて煙がたくさん当たりやすくなる上に、肉がバラバラにならず、かたまりのままなので持ち運びしやすい

2. しっかり肉をカットしたあとは、スライス肉に小穴を開けた上で、その穴にパラコードを通し、肉のネックレス状態になったコードを、立てた2本の棒のあいだに渡してつるす

※尖らせた棒を肉に刺して、焚き火の上にある木の枝からつり下げてもいい

3. 煙がもれなく肉全体に当たるように、火のそばに肉をつるし、肉がほぐれやすく堅さもジャーキーのようになったら出来上がりだ（この肉は数日間の携帯食料になるし、清潔な水に浸して数分戻せば噛みやすくなる）

※肉がジュウジュウ言い出したら、火が近すぎるので距離を空けよう

 パラコードまめ知識：傷んだ肉も捨てずに

干し肉からすえた臭いがし始めた場合や、腐ったと思われるときには食べてはいけない。とはいえ、捨てるのもダメだ。魚のエサにできるし、獣をおびき寄せたりするのにも使える。ただし腐っていない食料とは分けて保管すること。

パラコードまめ知識：調理器具の支え

火の上に鍋などの器具を置きたいときの支えとしては、筆者はいつも二又の枝を好んで使っている。あらかじめ火元の上に何か構造物があるなら、器具の左右の持ち手にパラコードを結びつけて、重量を支えながらつるしてもいいだろう（わざわざ枝を探さなくてもよくなるので時間の節約にもなる）。あるいは頭上の枝にくくりつけるよりも、パラコードを上に投げて引っかけてから、その端を岩なり丸太なりに結びつけて、滑車のようなかたちにすると、鍋を上げ下げして温度調整もできる。

つり下げ式グリル

手に入る材料や装備次第では、昔からある三脚を組み立てるよりも、火元の上につり下げ式グリルを設置するほうが、楽に早く作れることもある。パラコードは2本必要だ。

1. コード2本を火の上につり下げて、それぞれ横向きの輪をこしらえる

※コードが溶けないように火からはじゅうぶんな距離を取ること

2. はみ出るくらいの枝を輪に複数本通して安定させて、ちょうど火の上に橋がかかったような状態にする

※この状態で、調理器具の中身をじっくりと加熱したり、肉を枝からつり下げたりするのに使う

7 CAMPSITES AND COOKING　キャンプ地と調理

とっさの裏技

187

8 道具の作成と補修

生 死のかかった一瞬とは、まさにまたたく間にやってくる。否応なく自分たちを追い詰めてくる。その出来事を乗り越えるには、問題への対処と解決が必要となる。「必要なものがないよりも、不要なものでもあると全然マシ」という、ことわざがあるのは知っているか?　本章では手持ちの装備を大事にしつつ、生き延びるための道具作りを学んでいく。

お役立ちアイテムの作り方がわかれば、ひとまず安心感が得られる

工作:
斧の柄の補修

必要なもの

- ・斧身
- ・柄用の木材
- ・パラコード
- ・刃物類

作業時間の目安

- ・15分

約7.5cm

　斧の重量分、荷物が重くなったとしても、斧のさまざまな用途を考慮に入れれば、許せる範囲内だと言える。ただし、自分で柄の取付をしないといけない場合にはどうすればいいか？　ここでは、斧の柄の簡単迅速な作り方を示したい。

1. 直径数センチほどの木の棒を見つけた上で、斧身かナイフで頭を真ん中から割って切り込みを作る（斧身を挿し込んだときに、上に7.5cmほど突き出るくらいの切り込みにすること）

2. 割った木の棒の切り込み部分に斧身を挟み入れて、パラコードでその斧身を固定していく（まず斧身から10cmほど下の部分からコードを巻きつけておくと、必要に以上に木が割れずに済む）

3. パラコードを斧身の上に出ている棒部分に巻きつけて、挟んでいる木片を引っぱり合わせて斧身を固定する

4. 仕上げとして、棒に挟まれた斧身の部分を上からパラコードでX字にぐるぐると巻いていく

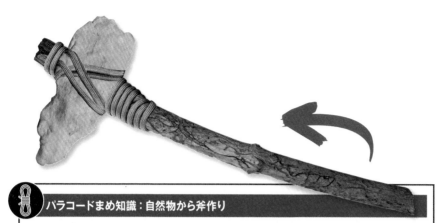

 パラコードまめ知識：自然物から斧作り

別に現代社会で作られた斧身がなくても、斧は入手できる。何か斧身になりそうな岩石を別の石で叩いて整形してもいい。

パラコードまめ知識：振るときには気をつけて

工作が終わったら、まずはゆっくりと慎重に斧を振ってみよう。斧身の固定が思ったほどしっかりしていない場合もあるので、試し振りをしつつ微調整していくといい。

柄穴（ヒツ）のついた斧身の場合、別の取り付け方がある。

1. 刃物類を用いて、木の棒の先端部分を削り、斧身に空いた柄穴にぴったりはまるようにする

2. 木の棒を挿し込んで、穴から5cmほど先を出す

3. 柄と斧身にパラコードをぐるぐるときつく巻きつけるわけだが、左ページと同様に、柄の周り、斧身部分、穴から出た棒の先部分に巻いていこう

工作：
ナイフの作り方

必要なもの

・骨または石
・柄用の木材
・パラコード

作業時間の目安

・刃に使う材料次第

　太古のナイフは、刃が骨片や特定の岩石から作られていた。刃先の鋭さも、手術用メスと同等かそれ以上のものまであったのだ！この工作では、絶えず目を光らせて材料を探す大事さがわかるいい例だ。そのあたりにある骨やツノや岩石が、ちょうどいい種類とサイズなら、かけがえのない道具に生まれ変わる可能性がある。

1. ナイフの刃に適した材料が見つかったら、ほかの岩石の表面を使って整形した上で、刃先も研いでいき、そのあと刃を木などで挟んでからパラコードで縛る

2. ナイフと柄の接する部分のそばに、小さな切り込みを2ヶ所入れて、この切り込みにコードを引っかけた上で結び、固く抜けないようにするといい

3. 骨片や岩石のサイズと形がちょうどいい具合になっていれば、その根元部分にパラコードを巻いて持ち手にもできる

※手が滑って鋭い刃に当たってしまわないように、何かしら持ち手があることが大事

工作：
落下防止ストラップ

必要なもの

・約46cmのパラコード

作業時間の目安

・数分（これで何時間もの節約になる）

パラコードと時間がちょっとあるだけで、たいていの道具の先に輪っかのストラップを通せる。このストラップのおかげで、野外活動の最重要アイテム（つまり生き延びるための道具）をぶら下げられる。

1. アウトドア用品には、持ち手の底近くに穴が空いていることが多いので、この穴にパラコードの端を通した上で、もうひとつの端と結んでつなげる

2. こうすると大きな輪が1つできるので、手首に通したあとねじっておくと、持ち手が握れなくても、落としにくくなる

次ページに続く

工作:
ナイフの柄巻き（グリップカバー）

　この工作では、そのままでは握り心地のよくない柄に、パラコードでグリップ性とクッション性を持たせる。ナイフに限らず、どの道具の持ち手にもなるが、柄の底部が曲線形だったり幅広だったりしないと、使っているうちにずれることがあるので要注意だ。

必要なもの

・パラコード（必要なコードの長さは工具の柄のサイズ次第）
・カッター類
・ライター

作業時間の目安

・5〜10分

このスキニングナイフ（ガットフック付きスキナー）のように、そもそも柄が付いていないデザインのナイフもある。ここにパラコードを巻いておくと持ちやすくグリップ性もやや高くなる。

1. パラコードの端を柄の底部分に当てて先を2.5〜5cmはみ出させつつ、これを押さえたまま柄の上部で折り返して下に戻ってこさせ、輪を1つ作る

2. 輪の両側を寄せながら、パラコードの端
（ワーキング・エンドのほう）を取って、柄の
下から上へとぐるぐると巻き始める

※このとき、柄の左側からはみ出ている元部分ま
で巻き込まないよう注意すること

3. 上へ巻きながら、内側に入る輪の部分はで
きるだけ中央からずれないように、わきに
それないようにすること

※輪の根元をしっかり固定しておくためにも、柄
への最初の1巻き目はきつくしておくことが重要

4. 巻きつけている最中は、巻き目がゆるんだ
りゆがんだりしないように、ときどきぎゅっ
と下に寄せてやりつつ、最後の1巻きをした
あとは、ちょっとだけ出ている輪の先にパラ
コードの端を通してやる（輪に通したあと
は、端にはもうそこまでコードの余りは要ら
ないので、約2～5cmにしておく）

※この時点では、輪の先まで全部パラコードの内
側に入れてしまうのではなく、少しだけはみ出るく
らいがいい

次ページに続く

5. いちばん上のまだゆるい巻きを押さえたま
ま、柄の下にはみ出ているコードの元部分
を引っぱると、上部の輪が締まるとともに、
中に入っているコードも引き締まる(輪の位
置を、何度かぐっと引っぱって下げて、完全
に柄巻きの中に入るようにしておこう)

※巻きがきつかったり巻き目が多かったりすると、
はみ出たコードがなかなか引っぱれないので、ペ
ンチを使って強引に引き下げよう

6. パラコードがしっかりと固定されたら、余分
な端部分はカットして、ライターで焼き止め
する

7. 全部の手順が終わると、図のような柄巻き
が完成する

※長持ちするものではないが、当座の間に合わせ
にはなる

工作:
鉤縄(グラップリングフック)

必要なもの

- 太めの木の棒
- パラコード
- カッター類

作業時間の目安

- 30分

鉤縄はいろいろと役に立つもので、たとえば急斜面の登り降りに際して補助具にしたり、ボートから投げて岸に船体を引き寄せたり、ボートの碇にしたり、落としたものに引っかけて回収したりと、さまざまに使える。どれだけ手の込んだ作りにするか次第だが、鉤縄のフックの数はいくつでも構わない。今回の工作ではフック3個で、全体のバランスもいい。

パラコードまめ知識:
この道具での登攀禁止

くれぐれも木製の鉤縄に全体重をかけないこと。フックそのものが破損する危険があるので、ロッククライミングは厳禁だ。

1. 木材のカットを最小限にするため、あらかじめ三つ又かY字になっている枝を見つけて、3つのフックを確保しよう

※分枝部分を引っぱって、壊れないかどうか確認すること(曲がらないものか多少曲がる程度のものなら使用に問題はない)

2. フック部分の木を、軸になる木の棒にくくりつける

※軸の木の棒の根元のほうは、パラコードの縄とつなげるのに使う

3. パラコードの縄を通すための穴が必要なので、軸となる木の棒の根元に開ける(カッター類の尖端で、まず円形に刻み込んでからそこを掘り、半分くらい掘り進んだら反対側から同じように掘って、両側からの凹みをつないで穴にする)

※この穴の開け方ならサイズも小さくて済むし、棒自体の強度も保たれる

工作：

丸太ばしご

　木を使って作るこのタイプのはしごは、長いパラコード2本のあいだに横木を渡していく。必要になるパラコードの長さは、欲しいはしごのサイズ次第だ。

必要なもの

・太めの木の棒
・長めのパラコード2本

作業時間の目安

・1時間（ただしサイズ次第）

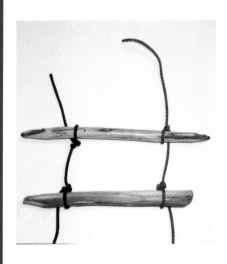

1. パラコードに沿ってよろい結び（マンハーネス・ヒッチ）を作っていく

※左右のパラコードに結んだ輪がなるべく真横に並ぶようにしよう

2. 木の棒を輪に挿し込んでいき、パラコードを調節して木にかかった輪をしっかり引き締める

※横木がなるべく真横に並べられると、登り降りの際にも足場が安定する

パラコードまめ知識：担架

丸太ばしごは、2名で運ぶ担架と同じ作り方でも作成可能だ（160ページ参照）。使えるパラコードが短いものしかない場合は、そちらの作り方のほうがよいこともある。無垢材で作ったはしご（担架）は、状況次第で橋としても使えるが、その際には細心の注意を払ってほしい。

工作：
縄ばしご

必要なもの

・パラコード（長いほどよい）

作業時間の目安

・30分（ただしサイズ次第）

丸太ばしごを作るための時間や材料が足りないときもある。その場合でも、この縄ばしごであれば、工作も簡単ですぐできる。必要なのはパラコードのみで、その量も登りたい高さ次第で変わってくる。はしごの強度を高める意味でも、できるだけ長いパラコードが使えるといいだろう。

1. パラコードに沿って、よろい結び（マンハーネス・ヒッチ）を作っていき、ずれない輪をどんどんこしらえていこう（この輪はちゃんと手足が通るくらいのサイズが必要）

2. 縄ばしごの上端をしっかりと位置固定した上で、輪に手や足を引っかけて登り降りする

※縄1本しか使わないので、登っている最中にその縄がねじれたり回ったりと、安定しないので気をつけよう

パラコードまめ知識：木登り用の足縄

パラコードの両端に、足が通るサイズのずれない輪を2つ作る。輪同士の間隔は、木の直径次第だが、ひとまず1mくらい。木の幹にぐるりとこの足縄を回してから、輪に靴をしっかりとはめた上で、腕で木に抱きつきながら、幹に跳び乗ろう。コードに体重がかかると、ぐっとその位置で留まるので、木の上でも自分の位置を保ちやすくなる。これがありがたいのは、登るときにも腕はただその位置でしがみついたまま、脚力だけで自分の体を上へと押し上げられる点だ。地面へと降りるときにも、ただ登る際と逆の手順で降りればいい。木の皮でこすれてパラコードがすぐ痛むので、使った足縄の再利用はオススメしない。

工作：
雪かきスコップ／ショベル

雪は断熱材として優れているので、雪を掘ってその中に入ることで、各種天候へのシェルターにできる。とはいえ、手で雪を掘るのはたいへんだし、ちゃんとした手袋がなければ危険でもある。数分あれば簡易スコップが作れるので、大幅な時間節約にもなる上、手の凍傷も防げる。

必要なもの

・木の枝
・小さめの木の棒たくさん
・パラコード
・カッター類

作業時間の目安

・15分

1. 枝の先が三つ又（またはY字）になっている割とまっすぐな枝を見つけよう（その枝分かれした先端がスコップの皿部分になる）

2. Y字の外側部分にいくつも切り込みを入れて、パラコードを左右のその切り込みに引っかけつつ、あいだを渡すようにくくりつけていこう

3. 横向きにくくり終わったら、今度は縦向きでコードを表裏交互に通しながら、何往復も通していこう（スコップの皿部分を平らにしたい場合は何か布や防水シート、または横幅の広い葉を用いてもいい）

4. スコップの柄については、手元の先端部分を丸めに尖らせるのも有効で、全体を逆さにして先で叩いてやれば、圧し固まった雪や氷を砕いて崩したりもできる

雪が降り出すと、シェルターの作り方も変わってくる。覚悟せよ！

工作：
かんじき（スノーシュー）

　雪が腰までの深さに積もっていると、なかなか進めず、くたびれること間違いなしだ。この事態を避けるためには、体重を広範囲にうまく分散させないといけない。体重のかかる表面積が広くなれば、雪に沈みにくくなるわけだ。このため、かんじきがあれば雪上移動の際の労力が軽くなり、速度向上の効果がある。

　かんじきの外枠は、しなやかな木の枝を使うと作りやすい。外枠のサイズとしては、体重分散のため普通の靴に比べて数倍の大きさが必要だが、あまり大きすぎると歩く際になかなか足が持ち上がらなくなる。また、じっくりやさしく曲げないと、枝がポキッと折れてやり直しになる。

必要なもの

・外枠と横木用の枝
・パラコード
・ナイフ

作業時間の目安

・1〜2時間

1. 枠部分をしずく型にうまく折り曲げて、端同士をパラコードで結びつける

2. そのあいだに全体の支えとなる横木を何本も渡していく

※とりわけ、かんじき中央の靴を置くことになる部分は、体重のかかる部分なのでいちばん強度が高くなるように注意しよう

3. 作った骨組みの上に靴を置いてみる

※靴のつま先とかかとあたりに、ちょうど木の厚い部分が当たるようにしよう

4. さらに小枝を骨組み全体に敷きながら、パラコードを通して全体をぐるぐると巻きつつ固定していく

次ページに続く

既製品のかんじきがあればいいが、緊急事態用の用具一式（22ページ参照）に入ってなくても、これで少なくとも自分用の簡易かんじきの作り方はわかったと思う

5. 靴をかんじきの任意の位置に置いてから、パラコードで靴のつま先を引っかける輪（またはストラップ）を作る

※この輪に靴をくぐらせるおかげで、足を上げたとき一緒にかんじきも持ち上がる

6. 使えそうな草や木（オススメはマツの枝）なら何でもいいので集めて、かんじきの網目にどんどん編み込んでいくと、隙間から雪がはみ出てこなくあるので、雪上でもあまり沈まずに歩けるようになる

※最後の手順について、やるやらないは自由だが、個人的には推奨したい

パラコードまめ知識：間に合わせのアイゼン

冬の吹雪のなかでは、足元が滑りやすくなり、命の危険も大きくなる。そんなときは、パラコードを靴底に巻いて結ぶといい。そうすると氷上の歩行も安心だし、底のパラコードに止め結びをいくつか作っておくと、地面のグリップ力もやや高まる。

工作:
滑車（プーリー）

　滑車（プーリー）があれば、装備や食料のつり上げのほか障害物の移動など、体力を使う作業の負担軽減ができたりする。とはいえ、カバンから本物の滑車を取り出す人には出会ったことがない。ここまでの工作で、荷重にも耐えられるDカンをブレスレットの留め具に用いたりしたが、今回の工作ではそれが間に合わせの滑車になる。さすがに既製品の滑車と同じとまではいかないが、ちゃんと役目を果たしてくれる。

必要なもの

・滑車部分になる金具類
・パラコード

作業時間の目安

・5分

1. Dカンの一端をパラコードと結び、そのコードをどこかにしっかりと固定する

※個人的には、Dカンの平面部分やネジ部分を滑車に使うことが多い（そのほうがうまくいきやすので）

2. もう1本のコードをDカンに通して、こちらは動かしたい対象物と結びつける

※パラコードとDカンの組み合わせのおかげで、対象物の移動や持ち上げがかなり手早く楽になるので、しばらく1ヶ所に留まることになるそうな場合は、物資を安全な場所に保管しておくためにも、こうした滑車をどこかに1つ設置しておくといい

工作：
結氷した水面用の補助具

必要なもの

・大きな棒または枝
・パラコード

作業時間の目安

・数分（コードを枝に結ぶだけ）

結氷した水面を渡っていくときほどの恐怖体験はそうないだろう。凍った川や湖が渡れるかどうかの判断は、その川幅や湖の大きさ次第ではあるが、移動の予定に大きく関わってくるものとなる。川や湖を迂回する道を探すなると、ぐずぐずしていられないというのに、何日も無駄にしてしまうおそれがある。

パラコードにくくりつけて引きずっていけそうな太い枝がないか、あたりを探してみよう。引いて持って行けないくらい大きな枝は必要ないが、少なくとも自分の背丈の2倍はあったほうがいい。足元の氷が割れて落ちてしまったら、手早く枝を引き寄せて、できた穴を渡すつっかえ棒にできれば、落ち着いて体を引き上げて穴から抜け出ることもできる。

橋があればありがたいが、なければ何時間も何日もかけて迂回するか、水中に落ちる危険を冒してまでそのまま横断するかになる。ところがパラコードがあれば、少しは気が楽になる。

生死のかかった状況下では、持ち物こそ貴重で、何としても守らなければならない。だからこそ、物資を整理して楽に持ち運べるカバンは価値あるものとなる。とはいえ、カバンを失くしたり、壊れて修理困難になったり、そもそも持っていなかったりする場合でも、対処できないこともない。

ボディバッグ

状況にかかわらず、わずかな材料さえあれば、ボディバッグは作れる。この種のカバンならじかに身につけられるし、工作にもそこまで時間がかからない。

1. カバンの素材はタオルやコートのほか防水シートなど、手元にあるものなら何でもいい（今回の工作では余ったTシャツを用いる）

※防水性のある素材がベストだが、高望みはしすぎないように

2. Tシャツの上に荷物と物資を置いたあと、両側を重ねてからくるんでいく

3. 包みの端部分をくるんだ方向とは逆向きにねじって、Tシャツの両端を使って止め結びをする

4. 結び目にパラコードを結びつける（パラコードは肩かけできる長さにしておくと、楽に運べる）

棒先の荷物

棒の先に小包をくくりつければ、ポケットには入れにくいちょっとした小物が持ち運べる。歴史的には「ビンドル」といい、長い棒と風呂敷、中に入れる荷物の3つでできている。パラコードで風呂敷などを枝にくくりつけるかたちにすると、もっとモノが多く持ち運べる。

1. 風呂敷のように何かしらの布の中央に運びたいモノを置いて、四隅を上で合わせれば、袋が出来上がる

2. パラコードで袋の端部分を棒（木の枝など）に結びつければ、あとは棒をちょんと肩に乗せるだけ

水くみ

　　水源はなかなか見つからないが、その水をくむのもなかなか難しい。池や小川に水筒を入れることができればいいが、いつもそこまで簡単とは限らない。パラコードがあれば、水くみも楽になりやすい。

工作：届かない場所の水くみ
（208ページ）

工作：水のろ過フィルター
（209ページ）

給水ひも

給水ひもがあれば、自然の湧き水といった水源に出くわしたときにもたいへん役に立つ。たとえば岩壁などから水がしみ出してきているのに、流量が少なくて水筒で水を受けられないことがある。そんなときは給水ひもに伝わせよう！

1. この手法ではパラコードの中身の芯が結構使いやすいので、コードの芯の片端をつかんで、水の流れ出ているところの下にある隙間や凹みに置いてみよう

2. 芯は壁面には這わせずにちょっと離してから、反対側の端を水筒の中に入れると、やがて水が芯を伝って水筒へと流れ込み始める

このやり方なら雨が降っているときでも大丈夫だ。たとえば雨水は、水筒の小さな口になかなか入れにくいけれども、その雨水が勢いよく流れ落ちている木の枝が見つかったなら、そこにパラコードを結びつけた上で、反対側の端を水筒などの容器に突っ込む。枝沿いに流れてきた水がパラコードに触れると、コードを伝って容器の中に注がれるわけだ。

吸水スポンジ代わり

綿のTシャツと同じで、パラコードが1束あれば、しばらく絞り出せるくらいの水を染みこませることができる。コードを吸水スポンジ代わりにするなら草木に朝露がついている早朝がいいだろう。このやり方では大量の水は手に入らないが、生き死にのかかった状況では一滴一滴が重要だ。

1. 雨水が乾いてしまう前に、パラコードを用いて、できるだけ多量の水を染みこませよう

2. パラコードに含まれる水がいっぱいになったら、水筒などの容器に絞り出す

工作：
届かない場所の水くみ

　生死のかかった状況でせっかく水源を見つけたのに、何らかの理由でそこへ接近不可能という事態もあったりする。怪我で水源まで行けないこともあれば、深い穴の底に水が溜まっていることもあり、または谷の向こう側にあることだってある。理由は何にせよ、目の前に水があるのに物理的にたどり着けない場合もあるわけだ。そういうときにも、パラコードの長さが足りていて、水を入れられる容器があったなら、水をくんで運んでくることができそうだ。

必要なもの

・水の入る容器
・パラコード

作業時間の目安

・数分（容器にパラコードを結ぶだけ）

1. パラコードの片端を容器に結びつける（しっかり固く結ぶこと）

2. パラコードの反対側の端を手に巻きつけて、コードが自分から抜けないようにする

3. ここからが本番で、水源が下にある場合は容器をそこまで下ろし、水源が狭い谷の向こう側にあるときは容器を向こうまで放り投げて届かせる

4. 容器を水源に沈めて中身を満杯にしたあと、コードを手前に巻き戻して容器を回収する

水の入る容器とパラコードがあれば、やっかいなところにある水源も使えるようになる

工作：
水のろ過フィルター

　　パラコードは、水のろ過に使える優れたフィルターでもある。このやり方で水をろ過するときには、辛抱強く——一滴ずつ水をためていこう。ただし、こうしたフィルターでろ過した水でも、煮沸して安全面をクリアしたほうがいい。ろ過に使ったパラコードは別の用途にも再利用できる。

必要なもの

- ・ペットボトルなどの容器
- ・水受け用の容器
- ・小石や土砂などの自然物
- ・パラコード
- ・ナイフ

作業時間の目安

- ・15分（フィルター作り、
  汚水のろ過にはもっとかかる）

1.　ペットボトルの底部分をナイフで切り取る（ここがフィルター上部、汚水の注ぎ口になる）

2.　必要最小限のパラコードをボトルの首あたりまで押し込んで、土台となるフィルターの層を作る（棒か何かの柄で押し込むといい）そのあと、見つかる限りの自然物を小さいものから順に（たとえばまずは砂で次に小石、最後に大きな石）、その上へと詰めていく

※なおパラコードには小さな穴が空いているので、水は通り抜けるが、大きなゴミはせき止められる

3.　準備が全部終わったら、まっすぐ縦向きになるよう、このボトルをどこかに設置する（パラコードで何かからつるすのが簡単だ）

4.　水を受けてためる容器を、ボトルの口の下に置いたあと、フィルター上部の注ぎ口からゆっくりと、上縁からこぼれないように気をつけつつ、汚水をボトル内に注いでいく汚水を上から注ぐと、まず木ぎれや草といった大きめのゴミが途中に引っかかったあと、水が下へ向かうにつれて細かいゴミも層を通り抜けられなくなり、ろ過されていく

※ろ過層がぎゅっと詰まっているほどフィルターの効きはよくなる

9 ナビとレスキュー

生　死のかかったサバイバルの状況下では、ほぼ毎日二者択一を突きつけられる——その場にとどまるべきか、自力での脱出を試みるべきか？　乗り物があるけれども大破ないし故障している場合は、おおむね「とどまる」ことをオススメする。なぜなら乗り物本体（飛行機・船舶・車）はモノとして目立つし、風雨もしのげる上に、だいたいは道路や経路のそばにあるはずで、本体から調達した材料がほかの用途に転用もできる。

　とはいえ、いつになっても救助が来ないとわかった場合、危険を承知で移動すれば人里にたどり着ける距離にあると確信できたときには、考えてもよさそうだ。その状況でなら、自力脱出が生存確率のいちばん高い手立てともなる。パラコードは、安全な場所へと向かうナビにも役立つ。

移動を決断したなら、救難信号とナビを駆使して何としてでも目的を完遂しよう。

工作：
方位磁針

　方位磁針の作り方として個人的にも好きなのが、針を磁化するやり方だ。針をシルクの布で一定方向に数回こすってやると、針は磁気を帯びる（もちろん磁石で磁化させてもいい）。そのあと針を小さな葉に載せて、その葉を凪いだ水たまりの上に置く。水面に浮かべられた葉は、磁化された針のおかげで回転し、最終的に針の向きと南北方向が一致する。

　とはいえ、地表の大半が水だとしても、水がふんだんにないところにいたりすることもある。そのような地域では、今説明したような方位磁針は無理だと思うかもしれないが、ちょっと工夫してパラコードを使えば、まだまだいける。

　ここで肝心なのが、パラコードの芯から必要最小限の分量だけを抜き出すことだ。芯の片端を地面よりも上の安定した場所に結びつけた上で、撚り糸そのものが垂れ下がるようにしよう。そして反対側の端を針の中点に巻きつけた上で、針を磁化する。垂れ下がる針が空中で水平になるように、気をつけて針から手を離そう。極細の糸のおかげで針が回転して、南北方向を示すはずだ。

　筆者は図のように、芯の撚り糸をさらに引き裂いて、細い繊維だけにしている。こうしておくと、針にかかる力も少なくて済むので、回りやすくなる。また、針の中点にちゃんと糸を巻くのは、綱渡りにも近い繊細な行為なので、辛抱強くやろう。

必要なもの

・パラコードの芯
・針（または磁気を帯びる小さな金属片）
・磁石またはシルク布

作業時間の目安

・5分

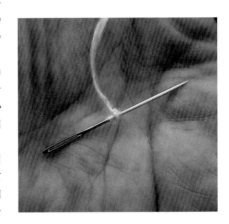

工作：
製図用コンパス

　製図用コンパスの仕組みは、ちょっと素朴なものに見えるだろうが、距離の計算には便利だ。地図とともに筆記用具と紙はカバンに常備しておくといい。筆記用具として個人的にはよく、油性マーカーなど何かしらのペン1本と鉛筆数本を持ち歩いている。

　鉛筆の先にパラコードを結んだ上で、パラコードの端を任意の位置に置いて固定する。そこからパラコードをピンと張れば、線でも弧でも描けるわけだ。片手でパラコードの端を押さえつつ、空いている手で筆記用具を使って印をつけていこう。たいていの地図には、距離換算の目安となる目盛りがついているから、パラコードを目盛りに当てておくと、地図上の距離もわかってくる。

　筆記用具がなくても、ちょっとした工夫をすればこの方法が活用可能だ。小さな木の棒を見つけて、その片方の端を鉛筆のように削って尖らせる。その尖らせた部分を火であぶると、黒く炭化した木が鉛筆と同じ機能を果たすわけだ。

必要なもの

・筆記用具
・パラコード
・地図
・紙

作業時間の目安

・数分

工作：
マーキング

　山歩きの際のマーキングといえば、いつも「ヘンゼルとグレーテル」とふたりが森から抜け出すために使ったパンくずを思い出す。その場所の都合から引き返すことになったり、元の道に戻るしかないところに行き当たったりすることがよくある。そんなときに役立つのがマーキングで、これがあると引き返す経路が見つけやすく、また同じところを1周してしまってもわかりやすい。

　パラコードを15cmほどの長さにカットした上で、移動中ことあるごとにこのコードを1本ずつ、木の枝に結んだり何かからぶら下げたりする（手持ちのパラコードに余裕があれば、図のように長めにカットして視認性を上げてもいい）。木に結ぶにしても、進行方向側にくくりつけたほうがいい。振り返ったときに、マーキングとなるパラコードが自分のほうにしっかりと見えることだろう。

必要なもの

・15cmのパラコード数本
・カッター類

作業時間の目安

・数分（1本につき）

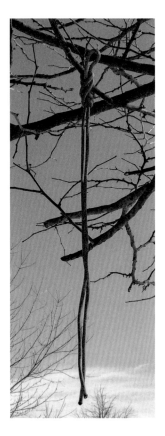

マーキングでは、目立つパラコードほど役に立つ。

214

工作：
引きずり跡

　エクアドルの熱帯雨林で気づいたことだが、生い茂る森の中を歩いているとすぐに方向感覚を失ってしまう。キャンプ地からほんの50mほど歩いただけなのに、あんなに迷子になったのは初めてだった。繁茂する植物に囲まれて、モノとしての目印が判別しづらくなっていたのだ。この経験から、筆者は自分の動きを把握しやすい手立てを考え出すことになった。

　カバンにくくりつけたコードを地面に垂らしたまま歩いていくと、引きずられたコードが背後に、移動した道の跡をつけてくれる。ことあるごとに立ち止まって振り返り、引きずり跡を確認して、その線がまっすぐならちゃんと前に歩けていることになる。曲がっていたとしても、たどっていけば元の場所がわかるというわけだ。

必要なもの

・長めのパラコード

作業時間の目安

・数分

どこまでも続くように見える森では、歩いてきた目印を残すことが大事。

工作：
歩測ひも（ペースカウンター）

歩測紐（ペースカウンター）は、レンジャービーズともいい、歩行距離を推定するための道具である。この器具に唯一欠点があるとすれば、自分が一定距離を何歩で歩くかを正確に知っておく必要があることだ。

巻き尺で100mの距離に目印をつけるか、競技用トラックを利用して、この距離を何歩で歩けるかを数えよう。計測を何度か繰り返したあと、歩数の平均を出すと、自分の100mあたりの歩数がわかる。

歩測ひもも使い始めはややこしいこともあるが、すぐにわかってくる。カバンのストラップなど、手の届くところにつるしておこう。あらかじめビーズの全球をしっかりいちばん上まで寄せておくこと。下段のビーズが歩数のカウンターで、上段のビーズが総歩行距離を示す。

100m分の歩数を歩いたら、下段ビーズを1つ下にスライドさせよう。歩行100mごとに1つずつビーズを下にずらしていく。最後のビーズを下に寄せたところで、900m歩いたことになるので、ビーズの下ずらしはそこで打ち止め。もう100m歩けばちょうど1,000mなので、上段のビーズを1つ下に寄せた上で、下段のビーズ全球を上に戻してリセットする。1km歩けば上段ビーズ1つが下にずらされる計算だ。そのあとは引き続き100m分の歩数を数えながら、再び下段ビーズをスライドさせていこ

必要なもの

- 約46cmのパラコード
- ビーズ13個（またはビーズ代わりの木片）
- カッター類
- ライター

作業時間の目安

- 30分

う。

この工作では短めのパラコードと、ふつうの手芸用品として売られているビーズを使う。すでにサバイバル環境にいる場合は、手芸用品店には行けないので、ビーズ代わりに使えるほかの素材にも言及する（218ページ参照）。

1. まずはビーズをスライドさせる軸を作るために、パラコードを2つ折りにしてコードを2重にしてから、折り曲げたU字部分で止め結びをする（カバンのストラップに取り付けられるよう、輪が残るように結ぼう）

※軸は上段と下段の2つからなるが、下段にはビーズを多めに入れるので、上段よりも長くしないといけない（なおパラコードの両端と中央付近を結んで上段と下段に分けるわけだが、使うのはシンプルな止め結びでOK）

2. ビーズをパラコードの軸にすべり入れていくが、このとき上段にはビーズ4つ、下段にはビーズ9つを入れることになる
先にコードの両端から入れるのはビーズ4つで、いちばん上の結び目までしっかり寄せてから、上下にスライドさせる余裕を作るために、最後のビーズから2.5cm以上空けた上で、2つ目の止め結びを作る

※この作業をしやすくするためには、あらかじめパラコードの端を焼き止めて指で細く尖らせておくといい

今回は、暗闇で目の光るドクロ型のビーズを使って、ちょっとスタイリッシュにしてみた！

次ページに続く

パラコードまめ知識：自然物からビーズ作り

　軸のコードに止め結びをどんどん作っていけば、間に合わせのビーズ代わりになる。また木片を削ってビーズに加工してもいい。長さ約2.5cmの木片を13個カットした上で、ナイフの先で木に穴を掘り、パラコードが通るようにしておく。あらかじめ木製ビーズを用意できたなら、あとはこの工作の手順に従って、歩測ひもを作っていこう。

3. 残りのビーズ9つをパラコードに通して、2つ目の止め結びまでずらして寄せたあと、さきほどと同じく最後のビーズから2.5cm以上空けた上で、止め結びを作る

4. 結び目はいわゆる1重止め結びでいいが、結び目の先にある両端には「持ち手」を残しておこう

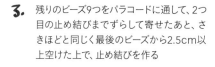
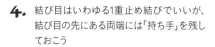

遭難信号（シグナリング）

　着実に前へと進んで人里に近づいていけば、救助してくれそうな相手に出会えるチャンスも増えるはずだ。助けてもらえる可能性が出てきたのなら、発見してもらうためにも、できる限りのことをしないといけない。目立つ色や大きな音、動くものやまぶしい光など、どれも信号や合図を送るときにはことごとく意識しておこう。

工作：色の目立つ目印
（220ページ）

工作：火と煙
（221ページ）

工作：凧
（222ページ）

工作：
色の目立つ目印

お気に入りのセーム革は頼りになる上、旗としても活躍する。

必要なもの

・明るい色のパラコード
・衣類（布）

作業時間の目安

・数分

　明るい色（オレンジやピンクなど）のパラコードは、自然に紛れてしまうコードに比べて、遠くからでもかなり視認しやすい。救助のチャンスが来たら、パラコードの先に明るい色の衣類を結びつけた上で、大声を出したり登山用ホイッスルを吹いたりしながら大きく振り回そう。もしくは、パラコードの切れ端を枝にあらかじめ結びつけておけば、作業中でも就寝中でも常時、外の目から視認可能にできる。風の強い日などには特に効果が高まる。

 パラコードまめ知識：直線は不自然なので

「自然界に直線はない」とはよく言われるが、自然のなかで生まれたものには、まっすぐなものがほとんどない。救難信号を出すときにも、この点が利用できる。パラコードはそもそも結構まっすぐなものなので、遠くからも視認しやすい位置に何本もつるして並べておけば、捜索隊の目につきやすい。周囲の環境から目立つ色のパラコードを使えば、いい結果が得られるはずだ。

工作：

火と煙

救難信号として火おこしすると、捜索隊の目につきやすく、手立てとしてもいいのだが、その際パラコードはどう役立つのか？ 143ページから151ページにかけて、信号用の火起こしに役立つパラコード利用法はいろいろと掲載してある。

火を救難信号に使うにあたって考慮に入れたい点は2つあり、それが火のサイズと煙の問題だ。場所によりけりだが、煙がほとんど出ない焚き火であっても、とりわけ夜間であれば遠くからでも視認可能となる。

火を信号として見つけやすくするには、三脚を作った上でそこに焚き火を設置するといい。火の下には土砂を敷いて、台そのものが燃えないようにしておこう。確かに火は大きいほど目立つわけだが、注意すべき点がいくつかある。制御不可能になるほど火を大きくしないこと、たえず周囲に気をつけること。風の強い日に、空気の乾燥した草原や森のただ中で大きな火をおこすなど、正気の沙汰ではない！

白煙で太い柱を出したい場合は、火元に緑の葉を増やそう。雲ひとつない快晴の日なら、この白い柱がいちばんよく見える。焚き火を置く場所は、なるべく樹冠の下ではなく、空の開けた場所で行おう。樹冠を通り抜けるあいだに煙が散ってしまうからだ。

 パラコードまめ知識：
パラコードは燃やすな

パラコードを燃やすと黒煙が出てかなり目立つのだが、有害なのでオススメしない。それに、視認可能なレベルの黒煙を発生させるには、かなりの量のパラコードが必要であるし、たとえパラコードがたっぷりあったとしても実際に見てもらえないこともある。その場合、救出されない上に、大量のパラコードを全部無駄にするだけだ。

工作：
凧（たこ）

　凧といっても、形状のほかサイズやデザインがさまざまあるが、簡単なものであれば、素朴な十字骨の凧がいちばん楽だろう。

　凧は本当に空高く揚げられるので、30m上空で漂わせることができれば、発見の可能性も高くなり、サバイバルの最終目標である救助も達成しやすくなる。

必要なもの

・パラコードの芯たくさん
・軽量で丈夫な素材
・軽量で丈夫な棒2本

作業時間の目安

・30分

1. 短い横棒と長い縦棒の2本を見つけた上で、十字に結ぶ

※この木の棒はできるだけ軽量かつ丈夫なのが望ましい。

2. 風を受ける部分に使う軽量の素材を探す

※筆者のカバンには、大きく丈夫なビニール袋がいつも入っているが、別にほかの素材でも代用可

3. 素材が見つかったら、骨組みの上に敷いたあと、パラコードの芯で骨組みの先4ヶ所にしっかりと結びつける

4. 長いパラコードの芯を骨組みの十字の中心部分にくくりつけ、手元に余った芯の部分は凧が飛んで遠くにいきすぎてしまわないように、小さな木片に巻きつけておくといい

工作：
筏（いかだ）と櫂（パドル）

サバイバル定番のアドバイスといえば、水源を下流にたどっていけ、というものがある。川沿いに下流へと向かえば、救助のチャンスも高まるわけだ。水流があるなら、筏（いかだ）を作ってみると、その進みも早くできる。この工作では、筏作りに必要な材料を具体的には挙げていないが、ふつうは木の棒や丸太、竹などが必要で、こうしたものをつなぎ合わせていく。

もちろん櫓（オール）や櫂（パドル）も入り用だ。これがないと、筏の加速や減速、舵取りができない。どんなパドルを作るにせよ、柄の部分と筏はパラコードでしっかり結びつけておくことをオススメする。よく水中に落っことしたり亡くしたりするので、そうなるとパドルもないまま流れに身を任せるしかない。

必要なもの

・筏の材料
・パラコード

作業時間の目安

・筏の材料次第

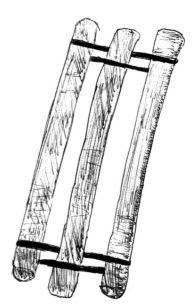

丸太にパラコードを上下に引っかけつつ巻きつけるやり方で、丸太同士をしっかりと縛り固定していく。

次のページに続く

上図のオールは、長い棒と木片に切り込みを入れたもの。同じサイズの小さな切り込みを入れておくと、パラコードを巻いて縛りやすくなる。

作り方①：間に合わせで作るパドルは、雪かきスコップの工作（200ページ参照）とよく似ている。なるべくまっすぐな枝で、先がY字になっているものを使おう。大きく曲がっているものは水中では使いにくく、進む効率もよくない。Y字部分に防水カバンや防水シートの切れ端といった布を張った上で、パラコードでしっかりと固定する。そんなふうにすれ自作パドルが手に入る。

**パラコードまめ知識：
ココナッツの浮き具**

島や海岸で見つけたココナッツは、実際に浮き具としても使える。丸いままのココナッツは耐水性で、中に空気も入っているので自然と浮くわけだ。ココナッツの実を何個もつなげれば、浮き具として水中でもつかまることができる。

作り方②：斧やナイフがあるなら、丸太や太い棒を割って平らな面をこしらえて、水をかく部分を作ろう。これを地面に置いてから、柄になる枝をパドルの中心軸になるように重ねる。そして柄を両側から挟む位置に穴開け用の印を2つつけ、水かき部分にその穴を開ける。枝の固定には少なくともこの穴が3組必要だ。パラコードを穴に通しつつ、柄に巻きつけて結ぶ。パラコードを巻きつける柄の部分には、浅く切り込みを入れておくといいだろう。こうすると柄は水かき部分としっかりかみ合って、上下にずれなくなる。

作り方③：しっかり太い直径の丸太や木の棒を探した上で、その1本からパドルを削り出す。

水上を行く筏をじっくり作り込むほど、大荒れの状況でも有利に立てる！

パラコードまめ知識：
パラシュート風の浮き具

なるべく穴の開いていない素材を探そう（パラシュートやビニール袋のほか衣類など）。それから両手でつかんで振り回して中に空気を入れる。じゅうぶん空気が詰まったら、できるだけ素早く端を合わせて結んで空気を中に閉じ込める。完全な密閉はほとんど無理だから、この種の浮き具は、距離の短い箇所を横断する用途に留めること（でないと途中でしぼんで犬かきする羽目になってしまう）。

パラコードまめ知識：
ペットボトルの浮き具

地球上に人間が住むことで生まれる不幸な副作用として、大量に出るゴミとその処分法という問題がある。とはいえ、サバイバル中の人間にとっては、こうしたゴミが世界の片隅にまで運ばれてくるのは、ある意味では幸運だ。人が野外でいちばんよく見つけるゴミはおそらくプラ製品で、とりわけペットボトルが多いだろう。ペットボトルの山に出くわしたら、ココナッツ同様（224ページ参照）コードでつなぐと、水に浮かべて使える。

工作：
深さの測定

　ある地形から離れようとすると、どうにも通れそうにない水路や滝壺に行き当たることもある。生死のかかった状況下では、時間が重要なポイントなので、選択を迫られることになる。飛び込んでそのまま突き進むのか、それとも回り道を探すのか。

　飛び込む決心したなら、まずはどれくらいの高さから飛び込むのか、飛び込んだ先の水深はいかほどなのか、この2点を考慮しないといけない。パラコードと岩石があれば、水深の推定はかなり正確にできる。

必要なもの

・長めのパラコード
・岩石

作業時間の目安

・20分

1. 岩石を見つけて拾う

※水流の影響を受けずそのまま沈むだけの重量のある岩でないといけない

2. パラコードの端を岩に巻きつけつつ、コードが十字に交差するように縛る

※岩石がコードの隙間から落ちたりしないように気をつけよう

3. これから飛び込むつもりの水中に岩石を投げ入れる

※滝の場合は、飛び込む先は水しぶきよりも向こうでないといけない（気泡で満たされた滝水のただなかに飛び込んでしまうと、どんどん水中に沈んでしまい、水底に落ちてしまうおそれがある）

4. 岩石が底に触れたら、岩石を引き上げつつ同時にコードの長さを測定する（岩石が水面から姿を現すまで計測を続けよう）

※筆者だと腕を左右に伸ばした際の両指先間の距離は1.5m

 パラコードまめ知識：パラコードで霧もへっちゃら

野外活動において、複数人で山歩きしていると、どうしても誰か迷子になったり、他のメンバーを見失ったりして、はぐれてしまう危険性が常にある。とりわけ霧が出ていたり、雨や雪が降っていたり、草木が繁茂していたりで、視界が悪くなっているとそういうことになりやすい。メンバー全員がひとつになるためには、パラコードで全員を物理的につなぐのがいちばん簡単な方法だ。

10 その他
パラコード活用法

パラコードにはだんだんとわかってくる使
い道がたくさん──ひまつぶしとか！

さまざまな用途

以下は、わざわざ手順を解説するまでもないパラコードの活用案だ。

- サスペンダーとしてズボンをずり上げる
- 簡易ベルトとして使う
- 袖やズボンの裾など衣服の隙間部分を締めて防寒対策する
- 長い髪をポニーテールにして顔にかからないようにする
- 持ち運びが楽になるようカバンに結びつける
- ズボンの裾を縛ってヒルが足を這い上ってくるのを防ぐ
- カバンの帯ひもを交換する
- 船の錨（いかり）に結んだ綱が切れたので交換する
- コードの芯を歯磨きに使う
- 船を岸につなぐ
- ボートの船外機のスタータロープ代わりに使う
- 魚を鮮度よく保つためのメグシを作る（使用時にはエラからではなく口の底から通すのがオススメ）
- 車の牽引ロープとして使う（パラコードを車2台の間にできるだけたくさん通して、間に合わせの牽引ロープの強度を上げるのだが、本書前半で編んだロープも使える）
- 急斜面や急な土手を安全に登るため、装備を別途上げ下げする
- キャンプ地でランタンや懐中電灯をつるす
- 物干し竿として使う

・メガネをなくさないための簡易首ひもを作る

目の保護は常に重要なので、メガネを持っている場合は、パラコードでストラップを作って、肌身から離さないようにしよう。明るい色のパラコードを使っておけば、誤って茂みに落としてしまってもすぐに見つけられる。

- バラバラのものを束ねて整理する
- 夜間にペットがどこかへ行ってしまわないようにつないでおく
- 馬に乗って進むときに、ハーネスの固定、鞍に対する荷物の取り付け、手綱としての使用等々、さまざまに用いる
- 犬の首輪やリードの固定ないし作成を行う
- 矢柄に矢尻を取り付ける
- 矢柄に矢羽根をくくりつける
- 銃身の掃除をする
- コードの途中に止め結びをいくつか作った上で、ウォーターバッグ用のストローに通して掃除をする
- 子どもとの遊び（もしくはひとり遊び）としてあやとりなどに使う
- 掃除の際に雑巾代わりにする
- パラコードの芯で筆記用具をポケットやノートの内側に固定する
- そり引き用のハーネスを作る
- 簡易木製ブランコを作って、腰を下ろしてくつろげる場所にする
- 資材運搬用のジップラインを設置する（人は運ばない）
- 弓矢が使えるなら、パラコードかその芯を矢に結んだ上で、木の上や谷の向こうにいる仲間へコードを飛ばすこともできる（ボウフィッシングにも使える）
- 旅先で見つけた記念品を携帯するためのストラップを作る

**・ふわふわにほぐした
コードの芯の球で、
木屑をからめて集める**

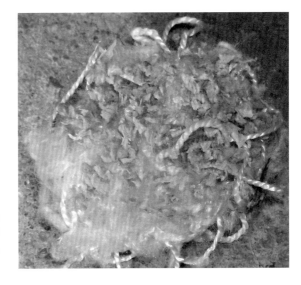

ふわふわにほぐしたコードの芯の球とファットウッドの木屑が組み合わさると、いい火おこしになる

・船や岸辺の固定可能なモノにコードの片端を結んだ上で、反対側の端を握りながら泳ぐ

・体型維持や暇つぶし用に縄跳びを作る

・動物をつり下げて（つるし上げて）皮を剥ぎやすくする

・適切な登攀具の使用時の安全確保に用いる

・皮を縫い合わせて衣類やバッグにする

・ポケットにパラコードの切れ端を入れておく（短いと何の役に立たなそうだが、捜索救助隊の目にはとまる可能性がある）

・パラコードの芯とコーヒーフィルターを組み合わせて、野外でも美味しい飲料が淹れられる間に合わせのティーバッグを作る

コーヒーフィルターには（カフェイン補給以外にも）役立つ使い道がいろいろあるので、いつもカバンに入れている。植物に詳しい人なら、野草で温かいお茶も淹れられるわけだ。

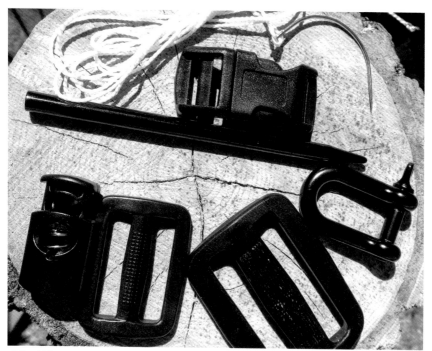

小物の補修用としてカバンに入れておきたいもの一覧
（図上から：パラコードの芯を通したカーブ針、プラ製バックル、パラコードニードル、金属製Dカン、サイズ違いのスライドバックル、コードロック）

小物の補修

　サバイバル環境下では、安全な場所にたどり着けるまでは、手持ちの荷物がすべてだ。その時点での所持品は、純金と同等の価値があるといっていい。ところが状況の変化や時間の経過によって、装備が破損することもある。絶対にそうしないといけない理由でもない限り、けっして捨ててはいけない。

　装備の小さな箇所の補修となれば、たいていは穴をふさいだり、千切れたものをつないだりだ。コードの芯でそのまま縫うか、裂いて細くしたもので縫うかは、手持ちのパラコードの量や補修の規模、必要とする強度次第で変わってくる。たとえば、履物は重要度が高く、靴はかなり酷使されるものだ。だから靴やブーツの修理では、コードの芯をそのまま1本使う。一方でシャツにできた小さな穴をふさぐ場合は、芯を裂いて細くしたものを使うことになる。

工作：
引きひもポーチの補修

　引きひもポーチ、いわゆる巾着袋は使い道も広くて、筆者もお気に入りだ。個人的にはメッシュの袋が好みで、濡れた衣類のようなものでも持ち運べるし、そのうちに多少は乾いてくれる。壊れた場合の補修に針は必須ではないものの、あるとかなり楽になる。パラコードはそのまま用いる。

　まずはコードの片端にパラコードニードルを取り付け、そのあとメッシュの穴に針を出し入れしつつ袋上部をぐるりと1周する。パラコードの長さが足りないと、引っぱっているうちに最初に入れた穴からコードが抜けてしまうので要注意だ。

　次はコードロックを使おう。この留め具で袋の口を閉じておけば、中身が落ちてしまうのを防げる。パラコードの両端を焼き止めして尖らせておくと、留め具の穴に通しやすくなる。コードの両端を通したあとは、抜けないように止め結びをしておく。結び目の先に必要以上の余りができていたら、余分なコードをカットして焼き止めしておこう。

必要なもの

- パラコード
- カッター類
- ライター
- コードロック
- 針（あると便利）

作業時間の目安

- 10分

工作：

カバンの肩ひもの補修

肩ひもの切れてしまったカバンはかなり不便だ。パラコードの結べるところが2ヶ所あれば、肩ひもそのものは間に合わせて簡単に作れる。コードの感触が気持ち悪い場合は、何でもいいので肩当てを付けるといいだろう。

必要なもの

・パラコード
・カッター類

作業時間の目安

・10分

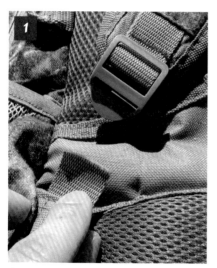

1. 肩ひもの上部には肩当てがあり、下部はプラ製のバックルを通したナイロン製の帯ひもになっていたが（この帯ひもとバックルで長さが調節可能）、経年劣化でナイロン部分がすり切れ、繊維がほつれて切れてしまっている

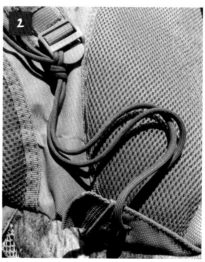

2. 幸い帯ひもの入っていたプラ製バックルは無傷なので、その穴にパラコードを通して結びつけることにする
まずは刃物でカバンの底にある帯ひもに小さな穴を開けてから、パラコードの端を通した上で、コードの両端を揃えてバックルに通し、両端を止め結びして固く締める

とっさの裏技

ファスナー(チャック)の引き手の補修

　ファスナーに付いているスライダーのサイズ次第で、使うのがパラコードそのものかその芯か変わってくる。芯を抜いた外皮の編み地だけを使ってもいい。パラコードの先をライターで溶かして細くしてから、溶かしたその端をスライダーの穴部分に通して結ぼう。この通した部分を芯にして編み込んでいけば、小型の引き手もできる(個人的にはいつも平編みで作っている)。

　図の引き手は、凝ったものを作る時間もなかったので、簡易的なものになっている。中の芯を抜いたパラコードの切れ端をスライダーに通しただけだ。引き手の使用時にずれないよう、根元にも止め結びを2つ作ってある。コードの両端部分はテグス結びにしてある。

ボタンの補修

　ボタンやコードロックは、木でも簡単に作れる便利品だ。とりわけ木工用のこぎりがあれば、木製のボタンとロックの工作は20分もかからない。ボタンの場合は、ナイフの刃先を使って、小さな木片の中心付近に小穴を開けていこう。

　コードロックの場合はもっと簡単で、小さな木片の中央あたりに浅い溝をぐるっと入れれば、間に合わせのロックになる。どちらも付ける際には、(普通よりも大きなサイズでないのなら)コードの芯1本で固定すれば問題ない。

工作：
靴の補修

　靴と言えば、新品のアウトドアシューズやブーツを手に入れたとき、筆者はいつも靴ひもをパラコードに入れ替えている。その理由は2つあって、①機能面もさることながら大量のコードが携帯できて便利だから、②パラコードは元の靴ひもよりも丈夫で長持ちすることが多いから、である。これまでにも、靴に穴が開いたり、部品が剥がれたりしたことが何度かある。頑丈な針か、間に合わせでもいいのでキリ状のものがあれば、パラコードの芯で縫い合わせられるので、こうした破損にも一時的な補修ができる。

必要なもの

- パラコードとその芯
- 針か間に合わせのキリ（穴開け用）

作業時間の目安

- 20分

このブーツの靴ひもは約1.5m。左右両方にパラコードを通しておけば、計24m分のコードが手に入る。

テニスシューズの側面に開いた穴は、短いコードの芯と大きなカーブ針があれば、10分ほどの作業で補修可能だ。

工作：
穴の縫い合わせ

カバンに穴が開くと、そのうち大きな破損に広がることもあるので、なるべく早めに対処しないといけない。パラコードの中身の芯さえあれば、時間はかかるけれども、とりあえず縫えるはずだ。

必要なもの

・針か間に合わせのキリ（穴開け用）
・パラコードの芯

作業時間の目安

・補修の規模次第

1. この場合は、そこまで大きくはない穴が持ち手の真下あたりにあるので、針の穴に芯を通してから、二重にした芯で生地と生地を縫い合わせていこう（最初のひと刺しののときに、芯が抜けきらないよう止め結びなどを数個作ってくこと）

※それなりの重量があるカバンなので、コードの芯をそのまま太めの針と一緒に使う

2. 針を生地に通してから、芯を強く引っぱり、そして糸を横から回してまた元の側に戻って、再び芯を通していく

※図のような太い針で作業を行うが、ふつうは縫い針の各種詰め合わせを買うとこの種の針も入っていると思う（似た針が見当たらない場合は、あらかじめ近所の手芸店に行ってみよう）
※※日本では革の手縫い用針がこれに近い

3. そのまま穴に沿ってぐるぐると針を刺して縫っていく

※そのときはなるべく下に隠れた持ち手ごと刺すか、その周辺をねらっていこう（持ち手ごと縫うことで縫い目が丈夫になっていくはず）

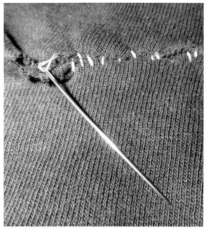

このシャツの補修では、かなり細めの針を使っている。布地はいったん穴が開くと、つくろわないかぎりどんどん悪化していく。とりわけ野外では服への負担が大きいので、ジーンズがデニム地のショートパンツになったり、シャツが腹出しのクロップトップになったりするのは避けたい。上図と下図では、パラコードの芯（裂いて細くしたもの）と縫い針を使って、この2種の衣類をつくろっている。

タイミングの早い遅いはあっても、いつもジーンズの膝部分に穴が開いてしまうが、ほぐしたパラコードの芯を使って針で縫えば、10分ほどでまたはけるようになる

※日本では洋裁用の手縫い針がこれに近い。

とっさの裏技

時計ベルトの補修

　ベルト（バンド）が切れてしまうと、時計は所持しにくくなる。平編み（69ページ参照）で編んでいけば、新しい時計ベルトも作れる。パラコードもそこまでたくさん使わないし、時計そのものを作るためでもないので、あくまで小物の補修ということで。

パラコード接着剤

　パラコードは溶かすと、ほかのナイロン製品に対して接着力があるし、ほかの合成繊維でも一時的にくっつくことがある。量が欲しいとなるとコードがたくさん必要になるが、ちょっとした修理程度になら少量でも結構使える。パラコードの端に火を近づけて加熱し、溶けたナイロンのかたまりを取りだして、補修が必要なほかの材料に塗るわけだ。溶けたナイロンはすぐに冷えて固まるので、接着剤として塗るときはなるべく手早く作業すること。溶かしたナイロンを広げられる小枝などをあらかじめ用意しておけば、指先を火傷せずに済むのでオススメだ。

用語集

550コード（550ポンドコード）
中の芯が7〜9本のパラコードで、耐荷重が
250kg（つまり550ポンド）のもの。正式名称は
タイプIII 550コード。

ひも通し　狭い穴や隙間にパラコードを通
しやすくする器具。

ファットウッド　燃えやすい樹脂をぎっし
り含んだ着火剤になる木材。

フェロセリウム棒　別の金属にこすり
つけると火花を散らす金属の棒。火おこしに使う
いわゆる「ファイヤースターター」のひとつ。

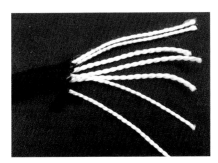

550コード

ファットウッド

ひも通し

フェロセリウム棒

薪 焚き付けよりも大きな火おこし用の木材で、燃料になるもの。

マグネシウム棒 マグネシウムの削り粉で火おこしする棒で、いわゆる「ファイヤースターター」のひとつ。マグネシウムは可燃性で、その削り粉はかなりの高温で燃える。

手芸用かんし ピンセットペンチに似た道具で、狭い穴や隙間にパラコードを通しやすくする器具。モノを挟んだ状態でロックができるので便利。

パラコード用編み針（パラコードニードル） 針といっても先がそこまで尖っておらず、中が空洞になっていて、尻側からパラコードの端を差し入れて固定し、穴などに通しやすくする器具。狭い隙間に編み込んだりすることが多い工作に便利。

焚き付け 火おこしに使う木片で、サイズは親指よりも小さめ。

手芸用かんし

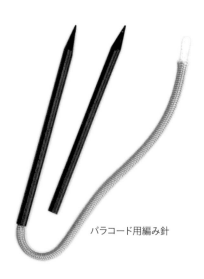

パラコード用編み針

マグネシウム棒

Dカン パラコード・ブレスレットの工作など
で、留め具に用いられることの多い金具。

芯 パラコードの中に軸として入っている撚り
糸。

火口（ほくち） できるだけ表面積を多くし
て火おこししやすくした火種。

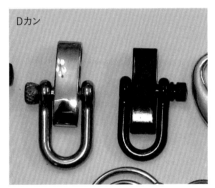

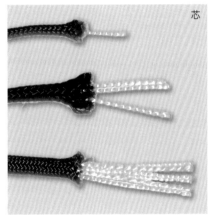

火口

もっとパラコードを知りたいときは

　本書のねらいは、パラコードを使った野外活動用の工作について、携帯できる参考書を提供することにある。ただし、やり始めると大事な情報はたくさんあり、コツもさまざまであるので、何もかもを1冊に収めることはできなかった。そこで、本書で参考にしたパラコード関連の素晴らしい情報源をここで紹介するので、読者諸君も各自で今後の役に立ててほしい。(※いずれも英語サイト)

ペパレル・ブレイディング社
www.pepperell.com
パラコードや金具などの実際の材料が購入できるほか、パラコードを使った工作の手順解説もある。

ストームドレーン
www.stormdrane.blogspot.com
このブログでは、ユニークかつ美しい極上のパラコード工作が掲載されていて、筆者もオリジナルの工作を考えるにあたって、いい刺激をもらった。

グラディング・パラコード
www.gladdingbraid.com
最高品質の米国製パラコードで、筆者も長年愛用しているが、製品に不満を覚えたことは一切ない。

以下のウェブサイトはパラコード専門ではないけれども、サバイバル知識と準備スキルについて、さらなる学びが得られる素晴らしい情報源だ。

ネイチャー・リライアンス・スクール
www.naturereliance.org

著者について

　ブライアン・リンチ ： 妻子とともにアメリカ中西部在住。本書は『Victorinox Swiss Army Knife Camping & Outdoor Survival Guide: 101 Tips, Tricks & Uses』(Fox Chapel Publishing 刊) に続く2冊目の著書。

謝辞

　若いころは、本を手にして思い浮かべる名前と言えば、著者名だけだった。著者が書いたものなのだから、ほかに誰かがいるとは思いもしなかったのだ。ところが物作りというものは、普段は意識していない裏方に数多くの人がいるものである。筆者の粗い草稿も、そういった裏方の尽力と協力がなければ、本書のように完成してくれなかったはずだ。編集者バド・スペリーはありがたいことに、出版プロセスを通じて筆者を引っぱってくれたほか、思い返せば、電話やメールでのたくさんの愚にもつかぬ問い合わせにも応じてくれた。筆者の原稿を、想像以上の作品に仕上げてくれたフォックス・チャペル出版の優れたスタッフのみなさんにも感謝申し上げたい。本書のさまざまな工作に役立つ情報を教えてくれたペパレル・ブレイディング社のジョエル・フックにも謝意を表す。そのパラコードとパラコード関連製品の品質は、繰り返し実地に試した筆者が保証する。

　多年にわたっていろいろ教えてくれた友人や家族のおかげで、本書に知識をたっぷりと込めることができた。「パラコードって何?」というそもそもの始まりから、筆者を支えてくれた数人の仲間たちにも、スペシャル・サンクスを捧げたい。本当にちょっとした工作の話を持ちかけても、1つ1つ検証してくれた。生きることが自己責任となる野外での長時間活動に、いつも積極的に送り出してくれた両親にも感謝したい。忍耐・沈黙・観察という現代では失われたスキルが、自然界では不可欠なものになるのだと教えてくれた父さん、本当にありがとう。両親こそが最初の教師であって、筆者も返しきれないほどの恩を受け取った。ジョーンとビル、どうか安らかに。ふたりの支援と協力は今も忘れてはいないし、今思い返しても最高のふたりだ。そして誰よりも妻のニッキーには感謝している。本書のためにどれだけの時間が費やされたか、そのことを考えればこそだ。妻の励ましやサポート、意見やアドバイスが何よりも価値あるものだった。また資料や工作物でわが家を散らかしたことを許してくれて、ありがとう。本書が出来上がった今、筆者はまずこの散らかったわが家を片づけ始めたいと思う。

写真・図版協力

サバイバルに役立つ
パラコード完全読本

2024年1月25日　初版第1刷発行

著者　　ブライアン・リンチ（ⒸBryan Lynch）
発行者　西川正伸
発行所　株式会社グラフィック社
　　　　〒102-0073 東京都千代田区九段北1-14-17
　　　　Phone: 03-3263-4318　Fax: 03-3263-5297
　　　　https://www.graphicsha.co.jp

印刷・製本　図書印刷株式会社

制作スタッフ
監修　　　　　　　　　長谷部雅一
翻訳　　　　　　　　　大久保ゆう
組版・カバーデザイン　小柳英隆（雷伝舎）
編集　　　　　　　　　関谷和久
制作・進行　　　　　　本木貴子・
　　　　　　　　　　　三邉真智子（グラフィック社）

ISBN 978-4-7661-3828-3 C2076
Printed in Japan